# そこに、遊びがある授業

安藤浩太

Classes with play

Kota Ando

# はじめに

皆さんは、なぜこの本を手にとられたのでしょうか。


装丁が素敵だったから？

イラストがかわいく目を引いたから？

授業というキーワードで検索したら出てきたから？

安藤浩太という名前を見付けたから？（いるかな……でもいたとしたら、とても嬉しい）

どんな理由であっても、出会いは一期一会。とてもありがたいことです。

ただ、おそらく一番多いのは、『タイトルに興味をもったから』という理由ではないでしょうか。

「そこに、遊びがある授業」、その「遊び」という言葉の響きに惹かれた
「遊び」と「授業」という言葉の組み合わせに興味が湧いた

まさに本書では、「遊び」を中心に据え、「遊びで授業を創る」ことについて考えていきます。

**私はそのような、「楽しさ」を目的に据え、遊びながら学んだり、遊ぶように学んだりする授業を「Play型授業」そこで湧きおこる学びを「Play型学習(Play-Based-Learning)」と呼び、実践と研究を積み重ねてきました。**

もちろん、遊びは不真面目で不必要であり、勉強と対するものであるという考えから、
「遊びと授業は相反するものだろう。」
「幼児期は遊びが中心でも小学校では、そうもいかないんだよ。」
と思われた方もいるかもしれません。

でも、遊びと学びは相反するものではなく、遊びこそが学びをより豊かにするものであると、子供たちの姿、そして数々の研究から私は確信しています。現にPlay型授業で見せる子供たちの表情、仕草、言動といった具体的な姿や一人一人やクラスが醸し出す空気感は学ぶ喜びと楽しさで満ち溢れています。

・授業時間が終わっても、「もっとやろうよ！」と迫ってくる姿
・教師に言われずとも、自分で課題を見付けて、ひたすら追求する姿
・活動の中で分からないこと、できないことにぶつかった時ほど、燃え上がる姿

そこにあるのは、熱中し、没頭し、夢中になる子供たちの姿です。

そのように、まさに子供たちが遊びながら学び、学びながら遊べたなら、それって最高なことだと私は思うのです。

「その姿はかけがえのないものである。あきらめず進め！」

そう、私の教師としての勘が囁いて以来、十数年。新たな道を切り拓くべく、試行錯誤しながらゆっくり歩みを進めてきました。その中で、特に低学年教育でこそ遊び（Play）で授業を創るべきだと考えるようになりました。

本書では、そのようなPlay型授業の具体的な実践はもとより、そもそもの「遊び」に関する古今東西の知見や研究、そしてPlay型授業を貫く基本理念、さらには、幼児期から中学年へと続く学びの中でPlay型授業がどのように位置付くかについて論を展開しています。

さっそく、その外観を「遊びの世界地図」と称して一枚のイラストにまとめてみました。

VUCA
SDGs
SINGULARITY
ホイジンガ
チクセントミハイ
デューイ
カイヨワ
中学年以降の世界（playful）
低学年の世界（play 型）
ヴィゴツキー
ピアジェ
ブルーナー
play の
夜明け
乳幼児期（play）
K. グロース
ケーラー

じっと見てください。

一目見たときに、逆ピラミッドのように積み適っているのが分かります。詳しく見ると、それは乳幼児期、低学年期、中学年期以降と連なっています。

さらに一つ一つの階層を見てみましょう。

イラスト上部では「ＶＵＣＡ」、「ＡＩ」、「ＳＤＧｓ」などのテレビや書籍で最近よく目にする言葉が並んでいます。

イラストの真ん中辺りでは、森林を模したステージが広がります。「令和の日本型学校教育」、「主体的・対話的で深い学び」など、学校教育において今求められる言葉たちが登場し、その周りでは、子供たちが思い思いの学びを繰り広げています。

イラスト下部では、どうやら「遊びの原野」「遊びの野原」と称して人間の乳幼児期を始めとして、動物が遊んでいる姿も描かれています。

そこから、真ん中のトンネル？チューブ？のようなものを通ると、Play型授業と書かれた低学年期の世界が広がっています。スタートカリキュラム後の子供たちは、選択の山脈、文脈の旅路を経て、さらに続く枝分かれしたステージへと駆け上っていっています。そのステージにもそれぞれ、「競争競技場」、「偶然ゲーム」、「模擬劇場」、「感覚サーカス」、「収集博物館」、「創造ＬＡＢＯ」と名付けられており、「何だこれは!?」という世界が広がっているのが分かります。

視点を変えてこのステージの外側を見てみましょう。ピアジェやデューイ、ブルーナーやヴィゴツキーなどの名前が見えます。どうやら聞き馴染みのある研究者も登場しそうです。

さて、「遊びの世界地図」はいかがだったでしょうか。

各章の構成としてイラストを読み解きながら、論を展開していきますので、ぜひこの世界地図片手に本書の世界を探索していただけたらと思います。

さいごに、はじめにの結びとして読者の皆さんに一つ疑問を投げかけたいと思います。

実は、皆さんに「！」と「？」をもたらした本書のタイトルには、もう一つ仕掛けがあります。

「そこに、遊びがある授業」

皆さんは「『そこ』」とは、どこだと思いますか。

ぜひ頭の片隅に置きながら読み進めてみてください。

それでは、めくるめく遊びの世界を巡る旅に出発しましょう！

『そこに、遊びがある授業』

## 第二章 小学校に「遊び(Play)を持ち込む」 66

## 第四章　Play型授業の「これまで」と「これから」

# 序章　「遊び」こそが低学年授業を創る理由

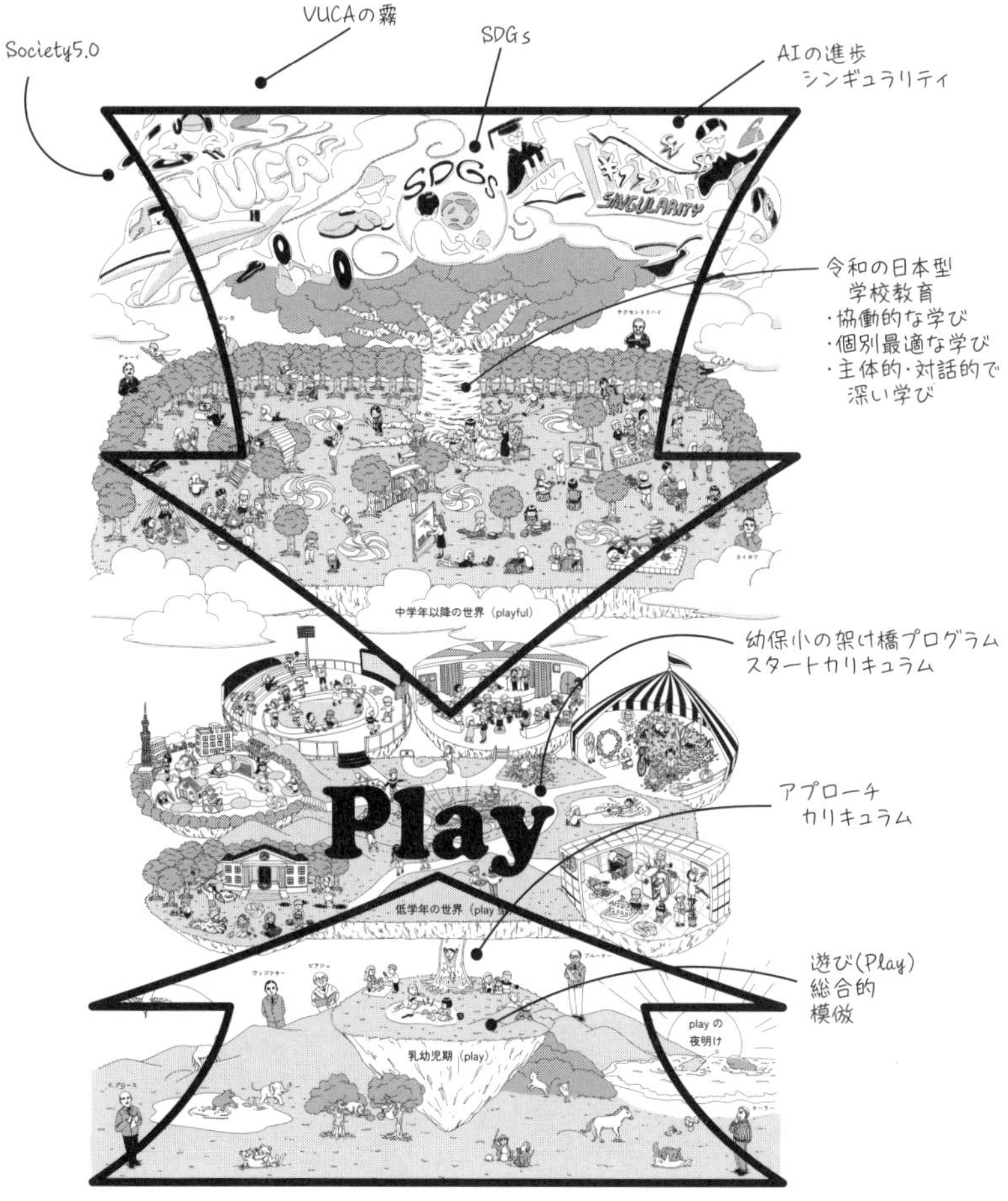

VUCAの霧
Society5.0
SDGs
AIの進歩
シンギュラリティ
VUCA
SDGs
SINGULARITY
令和の日本型
学校教育
・協働的な学び
・個別最適な学び
・主体的・対話的で
深い学び
中学年以降の世界（playful）
幼保小の架け橋プログラム
スタートカリキュラム
Play
アプローチ
カリキュラム
低学年の世界（play
遊び(Play)
総合的
模倣
playの
夜明け
乳幼児期（play）

## 遊びを紐解く「個性的発達」と「社会的側面」

皆さんは、「遊び」という言葉を聞いて、どんなことをイメージしますか。

**楽しいといったイメージ**
**自由なものといったイメージ**
**子供が好んで行うといったイメージ**
**いいかげんで、不真面目といったイメージ**

きっと様々なイメージがあることでしょう。面白いのは、「遊び」という言葉にはプラスのイメージとマイナスのイメージの両方があるということです。

「手遊びするのをやめなさい」とか「力が違いすぎて、すっかり遊ばれてしまった」はいい加減で不真面目、もしくはもてあそぶといった意味で遊びという言葉が使われています。一方で、「三年間パリに遊ぶ」「芸に遊びがある」などは余裕があったり、学びにつながったりとプラスの意味でも使われています。

特に学習との関係においては全く反対の意味で使われたりもします。「うちの子は、勉強しないで遊んでばかりで……」と使われたかと思うと、「遊びながら学び、学びながら遊ぶ」と使われたりもする。遊びは勉強と対になる言葉であり、学びと合わせて使われることもあります。

そんな両極端な意味をもつ遊びですが、私は小学校教育、その中でも特に、低学年教育において、遊びはなくてはならないものだと考えています。つまり、遊びという言葉、遊ぶという行為を肯定的なものとして捉えています。

では、なぜ私が低学年教育において、遊びこそ低学年授業の真ん中に据えるべきだと考えるのか。その理由を「個性的発達」、「社会的側面」という点から説明していきます。

一つ目は、個性的発達といった理由です。

子供たちの側から考えてみるということです。低学年期の子供の学びの連続性を考えたとき、遊びというものが理に適ったものであり、なくてはならないものだと考えるからです。ちょうど遊びの世界地図で言うと、この部分。幼児期からのつながりを考えるということです。

みなさんは、授業を創るときどんなことを大事にしていますか。

私は、学んだことがどんどん積み重なるといった学びの連続性を大事にしています。

現代日本の小学校の教科カリキュラムは、各教科の学びが系統的に積み重なるように設計されています。それが顕著なのは算数で、一年生で「3＋3＝6」のようなたし算を学習するから、二年生で「3＋3＋3＝9」、3が3つで9だから「3×3＝9」のようにかけ算を理解できます。そうして、そのかけ算の理解は、「9÷3＝3」のような3年生のわり算へとつながっていきます。

それは、自分が分かっていることやできることを駆使してまた新しいことを理解したり、できるようになったりすることを増やしていく営みだと言い換えることができます。

このような仕組みは教科特性によって程度の差はあっても、どの教科でも変わらないことですし、教科に留まらず「学ぶ」「成長する」ということの本質だと考えています。

「学びとは、積み重なっていくこと、積み重ねていくことである」と考えるからこそ、私は授業を創るうえで、何を学んできたのか（内容）、どのように学んできたのか（方法）、その結果、どう育っているのか（現状）を大切にします。

そのように考えていくと、低学年にとって遊びは、なくてはならないものだという結論に行き着きました。というのも、一年生以前、幼稚園や保育所、認定こども園（以下、園）などの幼児教育施設で、子供たちは遊びを通して、様々なことを学んできたからです。それは『幼稚園教育要領解説（平成三十年）』にも「遊びを通しての総合的な指導（30頁）」と書かれていることからも明らかです。

イラストを見てください。ある園での遊びの一場面です。どうやらお店屋さんごっこをしているようです。ここにどのような学びが隠れているでしょうか。

□品物を見立てて作ることで創造性が育まれる。
□お客さんと会話することで、言葉で伝え合う力が育まれる。
□お金のやりとりをすることで、数量感覚が育まれる。

まだまだたくさんの学びが隠されていますが、例に挙げただけでも子供たちは遊びながら実にたくさんのことを学んでいることが分かります。これは幼児期の学びの特徴で、園での学びが「総合的な学び」と言われる所以です。

イラストからも分かるように、幼児期において子供たちはただ遊んでいるだけでなく、遊びといった総合的な活動を通して多くのことを学び、様々な資質・能力を育んできたと言えます。

そんな自由で連続した学びの経験をもつ子供たちだからこそ、一年生に入ったとたん、「お口チャック、手はお膝」と、話の聞き方に始まる様々な型の指導ばかり行うのはもったいないなあと思うのです。小学校に入学したからと言って、その日、その瞬間に子供たちの資質・能力がすぐさま、それも劇的に変わるわけではありません。確かに子供たちは幼児期にたくさんのことができるようになっているけれど、その積み重ねを無視すると、まさに振り出しに戻り、「0からのスタート」になってしまいます。

その積み重ねを無視するということの具体の一つが「遊びと学び」を分けることだと私は考えています。遊びと学びが渾然一体だった幼児期。その積み重ねの上に、新たな学びを積み重ねようとするのなら、「遊びと学び」は切り離してはいけないものなのです。

このことが子供たちの側から考えた遊びが低学年教育に必要になる理由です。

幼小接続課題は近年最も注目を浴びる教育課題の一つです。「スタートカリキュラム」、「幼保小の架け橋プログラム」などの取り組みがその証左です。

『小学校学習指導要領（平成二十九年告示）解説　総則編』において、幼児期の学びと接続を図るスタートカリキュラムを編成・実施することが明文化されました。スタートカリキュラムは、原因を「小一ギャップ」に端を発し、十数年前から存在しています。そして生活の適用を考えた第一ステージ（平成二十年頃）、子供の安心・安全を考えた第2ステージ（平成二十七年頃）、そして自覚的な学びや合科的・関連的な指導を重視することで、子供たちが生き生きと学びに向かうことをねらいとした第三ステージ（平成二十九年頃）に移行しています。これまでが園での生活や活動を取り入れるのに対して、現在は「学びの接続」をねらいとしています。

また中教審でも「幼保小の架け橋プログラム」が議論されています。これらは、初等教育資料（令和四年2月号）でも文部科学大臣の年頭の所感の二つ目に位置し、注目を集めています。さらに、奈須（2017）も幼児期と小学校期との学びの在り様について次のようなことを指摘しています。

幼児教育で展開されている学びが、その先の学校教育の在り方を考える上で非常に参考となります。

幼児教育での学びはすべてが渾然一体となって進んでいきますし、そこで培われているのは、資質・能力そのものだからです。（53頁）

以上のように、子供たちは幼児期に遊ぶ中で健康、人間関係、環境、言葉、表現といった内容を総合的に学び、資質・能力を育んできました。幼児期の学びは「遊びを通して」と言われるように、子供たちにとって、遊びと学びは、きり離せないものだったのです。さらには、遊びも含め全てが渾然一体となりながら学ぶ在り様が、人間にとって実は自然かつ本来的な学び方であり、そういった幼児期の学びに近づけていこうとする動きがある。そのことも低学年教育で遊びを取り入れるのに十分な理由になると考えます。

低学年教育にこそ遊びが必要だとする二つ目の理由は、社会的理由です。

教育は未来を生きる子供たちにとって必要な力を育むという目的があります。だからこそ、教育は時代によって形を変えてきました。農耕社会では絶え間なく変化する自然事象の只中にあっても経験則をもとに臨機応変に対応できる能力が求められたのに対して、工業社会では単純で定型の仕事を効率よく淡々と遂行できる能力が求められました。このように、社会の在り様が変化すると、当然求められる力も変わってきます。だからこそ教育について考える上で、社会背景に目を向けることはとても重要です。

　では、現在のSociety5.0と呼ばれる社会で求められる力とは、一体どのような力なのでしょうか。イラストで言えば丁度この部分。様々な言葉が躍っていますが読み解いていきたいと思います。


　先ほどのスタートカリキュラムや架け橋プログラムといった取り組みは、令和の日本型学校教育が目指す取り組みの一例です。令和の日本型学校教育では、「個別最適な学び」と「協働的な学び」という二つの大きな柱のもと、様々な取り組みが実施されています。

　そして、それらはＡＩ技術の進歩などに起因するＶＵＣＡと呼ばれる先行き不透明で不確実な時代が訪れることを予期して、打ち出されたものです。そのような時代にあっては、「一方的に知識を教えるだけの教育を行っていても期待される人材を育成することはできない。…（中略）…様々な問題に立ち向かい、その解決に向けて異なる多様な他者と協働して力を合わせながら、それぞれの状況に応じて最適な解決方法を探り出していく力をもった人材こそ求められている（田村2018、13頁）」というのです。現に小学校学習指導要領（平成二十九年告示）総則でも新たに前

文が設けられ、その中で次のことが語られます。

一人一人の児童（生徒）が、自分のよさや可能性を認識するとともに、あらゆる他者を価値のある存在として尊重し、多様な人々と協働しながら様々な社会的変化を乗り越え、豊かな人生を切り拓き、持続可能な社会の創り手となることができるようにする（15頁）

ここから協働的な学びの在り方の重要性が浮かび上がってきます。

さらに、現代日本における学習者の多様性による課題やＩＣＴによる課題。そして、新型コロナウイルスによる学校の臨時休業中、教師からの指示・発信がないと何をしてよいか分からず学びを止めてしまうという実態が見られ、これまで学校は自立した学習者を育てられていなかったのではないかという指摘。そういった背景もあり、学びに向かう力をさらに涵養していくためにも個別最適な学びの重要性が議論されるようになりました。

「何を知っているか」ではなく「具体的に何ができるか」といった学力観の転換と「どのように学ぶか」の重要性。そのための「個別最適な学び」と「協働的な学び」という柱。

先ほどの「０からのスタート」という考え方にあったように、従来低学年教育では、学び始めだからこそ、型の教育により一層力を入れるべきだとする暗黙の了解があったように思います。話し方、聞き方、発表の仕方などのような〇〇の型という小学校特有の学習や生活の基礎基本を教え込むといったようにです。

「型に嵌める」という言葉があるように、そこにあるのは画一的・均一的であることを強いる、集団としての子供像ではないでしょうか。そこには、指導の個別化や指導の個性化といった一人一人に合った「個別最適な学び」や、共に考えながら新たな知を創発していくという「協働的な学び」が生まれにくいように思います。なぜなら型を教え込む考え方の裏にあるのは、「小学校一年生0からのスタートであり、何もできない」といった子供観が隠れているからです。

しかし、これまで見てきたように子供たちは幼児期に遊ぶことを通して、たくさんのことを学び、様々なことができるようになっていました。そして、遊びはまさに個々人または友達との問題解決の連続ですから、そこで繰り広げられているのはまさに、その子一人一人にとっての個別最適な学びであり、協働的な学びであると言っても過言ではありません。遊びに無限の可能性があることをロバート・フルガム（2016）も「人生に必要な知恵はすべて幼稚園の砂場で学んだ」と記ししています。氏の表現はまさに言い得て妙です。

そう考えると、遊びは、子供たちの学びの連続性を生むだけでなく、現在の日本が目指す教育の形を具現化する可能性が大いにあると言えます。だからこそ、まずは遊びを足場としながら、もしくは遊びで授業を創っていくことで、「個別最適な学び」や「協働的な学び」に迫っていくことができ、それは小学校学習指導要領（平成二十九年告示）の着実な実施につながると考えることができます。


ここまで低学年で遊び（Play）が必要な理由について個性的発達と社会的理由と言った二つの側面から考えてきました。

さて、ここでもう一度遊びの世界地図を俯瞰して見てみましょう。そうした時にあることに気付きませんか。ある奇妙な一致です。

イラストを見たときに、個性的発達とは、子供たちの「これまで」という下からの矢印による理由であることが分かります。同様に、社会的側面とは子供たちの「これから」という上からの矢印による理由であることが分かります。


つまり、遊びを低学年教育に取り入れることで、幼児期から社会に出て働く大人まで、学びの在り様が段階的に自然とつながっていくのです。それはまさに、遊びは幼児期と未来をつなぐ重要なピースであり、低学年教育こそ遊びによってそれらをつなぐ重要な転換期であることを意味しています。

以上のように、本著は個性的発達、社会的側面から低学年教育において遊びはなくてはならないものだというスタンスをとります。何より、遊びを低学年教育に取り入れる一番の思いは「授業が子供にとって楽しく没頭できるものであってほしい（楽しくしたい！）」という教師である私自身の強い思いによります。

しかし、遊びが大切だと声高々に叫んでみても、具体が伴わなければ意味がありません。

遊びと学びの対立が生まれたのは、遊びと学びの関連性や遊びの教育的価値に私たちが無関心であったり、根拠を明らかにしないまま盲目的に取り入れたりしてきたからではないでしょうか。だからこそ、その分断を無くすために、そもそも遊びとはどんな現象なのか、まず知る必要があります。そして逆説的ですが、遊びがプラスとマイナスの意味をもつ以上、はたして遊びに教育的価値はあるのかについても疑ってみなければなりません。

そこで本書では、最初に「遊びとは何か」「遊びの教育的意義」をこれまでの遊び研究を俯瞰的に見ながら考察し、本書なりの遊びの定義付けや分類を行っていきます。

その上で、次に遊びを授業に取り入れるための具体的な方法を模索し、提案します。本書では遊びを取り入れた授業を「Play 型授業」、そこで湧きおこる学びを「Play 型学習」(Play-Based-Learning) と呼んでいます。

さらには、そういった遊びを取り入れた授業、つまり Play 型授業の具体的事例を通して、遊びを授業に取り入れることの意義を考察していきます。

最後に、幼児期の遊びから低学年期の Play 型授業へとどのように接続していくか、また三年生の授業へとどのようにつなげていくべきか私の考えを述べていきます。

# 第一章

# 遊び研究を教育実践に生かす

　第一章は遊びの世界。

　近いようで遠い、謎のベールに包まれた世界です。過去の様々な知見や研究を紐解きながら、遊びとはどのようなもので、遊ぶことで私たちは何を手に入れることができるのか、探索していきたいと思います。

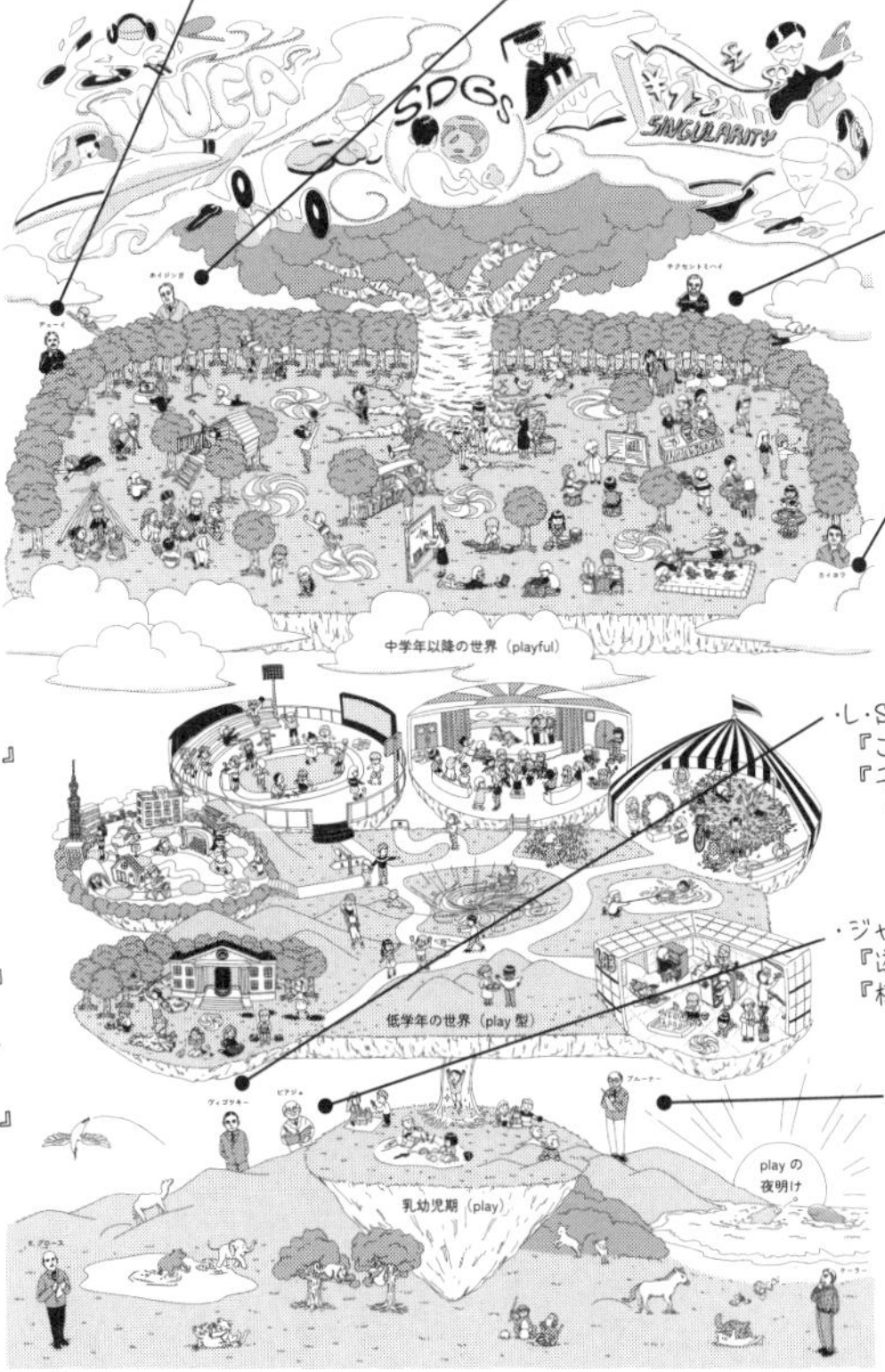


・ジョン・デューイ
『学校と社会』『明日の学校』

・ヨハン・ホイジンガ
『ホモ・ルーデンス』

・西村清和
『遊びの現象学』

・プラトン
『国家』『法律』

・ミゲル・シカール
『プレイ・マターズ』

・フリードリヒ・
フォン・シラー
『人間の美的
教育について』

・M・J・エリス
『人間はなぜ遊ぶか』

・シーモア・パパート
『マインド・ストーム』

・ミッチェル・レズニック
『ライフロング・
キンダーガーデン』

・山田敏
『遊びによる保育』

・佐伯胖
『わかり方の探究』
他

・ミハイ・
チクセントミハイ
『フロー体験
喜びの現象学』

・ロジェ・
カイヨワ
『遊びと人間』

・L・S・ヴィゴツキー
『ごっこ遊びの世界』
『子どもの想像力と
創造』他

・ジャン・ピアジェ
『遊びの心理学』
『模倣の心理学』他

・ジェローム・
ブルーナー
『コンピテンスの
発達』
『教育の課程』

・カール・グロース
『動物の遊び』『人間の遊び』

・スザンナ・ミラー
『遊びの心理学』

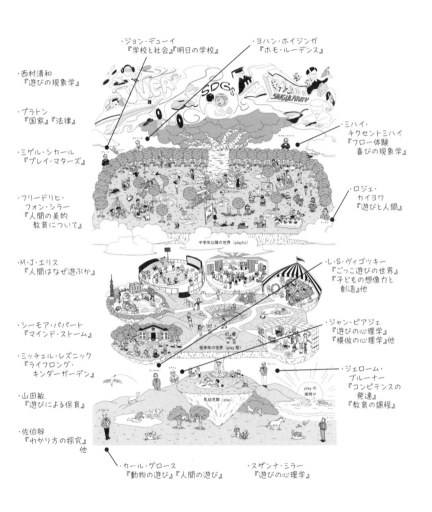

## 尽きない遊びへの関心

次のイラストをみてください。

ある幼稚園での一場面です。

先生と子供たちみんなで相談し、今日はまず全員で長縄を使って遊ぶことにしたようです。縄を回している先生や子供たちも、縄でとんでいる子供たちもとても楽しそうです。さて、どのような会話が聞こえてきそうでしょうか。

「ねえねえ、跳べたよ！」
「一緒に跳ぼうよ。楽しいよ！」

そんな声が聞こえてきそうです。実際そのような声が聞こえてくることでしょう。しかし、その後なわとびをしていた子たちがこんなことを言ったとしたら、どうでしょうか。

「**先生、もう終わりにして遊びに行っていい。**」

うーむ。遊びとは何か、実に考えさせられる一言です。

このことからも分かるように、遊びと一言で言っても、私のイメージする遊びと、みなさんのイメージする遊びは違うでしょう。また、遊びという言葉が意味するところも広く、ある行為が誰かにとっては遊びでも、違う誰かにとっては遊びではないということも往々にして起こりえます。その不確かさもある意味で遊びの面白さと言えます。

・そもそも遊びってなに？
・遊びと遊ぶは違う？
・大人の遊びと子供の遊びは違う？
・人間の遊びと動物の遊びは違う？

遊びをめぐる様々な疑問。そして、教師である私たちを魅了してやまない遊び。そんな遊びを教育実践のフィールドに連れ込みたいものです。そこでまずは、本章で遊びの研究史を紐解きながら、遊びの定義や条件、そしてそもそも遊びには教育的価値があるのか、またあるとすればそれは何かを明らかにしていきたいと思います。

私たちを惹き付けてやまない遊び。
その楽しさゆえ、遊びは老若男女問わず魅了します。
そして、はるか昔から遊びは遊んでいる人たちだけでなく、遊んでいる人々を観察する外部の人たちをも虜にしてきました。

遊びは、あの古代ギリシャの哲学者プラトンをも夢中にさせています。プラトンは著書『国家』で「子どもたちを学習させながら育てるにあたって、けっして無理強いを加えることはなく、むしろ自由に遊ばせるかたちをとらなければならない。またそうしたほうが、それぞれの子どもの素質が何に向いているかを、よりよく見てとることができるだろう（154頁）」とし、『法律』で「養育者は、子どもの快楽や欲望を、そういう遊戯を通じ、彼らが大きくなればかかわりをもたねばならぬものへ、さし向けるようにつとめねばならない（98頁）」と記しています。

紀元前といった遥か昔に、プラトンが幼児期においては遊びが重要であり、遊戯させながら養成すべきであると論じたのには驚かされます。

またフリードリヒ・フォン・シラー（２００３）は、遊びの自由性、創造性と美や芸術を結びつけ、「人間は、美とただ遊ぶべきであり、ただ美とのみ遊ぶべきである…（中略）…人間はまったく文字どおり人間であるときだけ遊んでいるので、彼が遊んでいるところでだけ彼は真の人間（99頁）」であると遊びを芸術や人間の自己形成にとってなくてはならないものとしました。

他にも、アリストテレスやイマヌエル・カント、ジョン・ロックにブレーズ・パスカル。さらには、ジャン・ジャック・ルソーやヨハン・ハインリヒ・ペスタロッチ、フリードリヒ・フレーベルなど様々な分野の偉人たちが遊びに関心に示しています。

様々に語られてきた遊びへの関心は、やがて時代の変遷と共に実証的検証の場、つまり研究対象として生物学や社会学、心理学や教育学にと注目を浴びるようになっていきます。

## 遊びの教育的価値

序章で述べたように、「低学年教育に遊びは欠かせない」という教師の勘というか、嗅覚みたいなものが私にはありました。ただそれは曖昧模糊としており、何の根拠もありませんでした。

だからこそ、ここではそもそも遊びという行為に、発達を促したり、ある資質・能力を育んだりするといった教育的価値、教育的効能のようなものがあるのか明らかにしていきたいと思います。

遥か昔から人々は遊ぶことだけでなく、遊びという現象に対して夢中になってきました。しかし、それがあくまで「関心」に留まってきたのは理由があります。その理由について高橋（1996）は、「遊び研究の難しさは、『遊びとは何か』の定義が困難なことによる。…（中略）…活動の種類、動機、機能が、あまりに多彩で複雑であるために、単一の定義を与えることが困難（1頁）」だと論じています。

確かに、一括りに遊びといっても、子供の遊びと大人の遊びは違う気がします。視野を広げると、人間と動物の遊びはどうなのでしょう。また、私たちが遊びであると思っていることは、遊んでいる当人にとって本当に遊びなのでしょうか。

複雑怪奇であるがゆえに、私たちを惹き付けて止まない遊び。関心で終わらせるのでなく、実証的な研究が始まったのは十八世紀後半から十九世紀初頭になってからです。古今東西その遊びの謎に多くの研究者が挑んできました。結果として、遊びはそれ自体が学問として成立することはありませんでした。しかし、これまでに生物学、社会学、心理学、哲学、教育学といった様々な研究フィールドで研究対象として扱われてきました。

M・J・エリス（1977）は、一九七〇年代頃までの遊びについての理論や研究、考察などを調査しています。二百名を超える理論家や研究者の見解を十三種類に整理し、さらに古典理論、近代理論、現代理論に大きく分類しました。（左図）

| | |
|---|---|
| 古典理論 | 剰余エネルギー説ⅠⅡ、本能説、準備説、反復説、気晴らし説 |
| 近代理論 | 般化説、代償説、浄化説、精神分析説ⅠⅡ、発達説、学習説 |
| 現代理論 | 覚醒―追求としての遊び説、能力―効力説 |

この中には、遊びの克服機能から遊戯療法を考え出した精神分析学派に見られるフロイトのように、皆さんにも馴染みのある研究者も数多くいます。

その中でも遊びの教育的価値に迫る理論として私がまず着目したのが、古典理論です。古典理論は「遊びはなぜ存在するのかを明らかにすること」を目的とした研究が多く見られます。中野（1996）は、遊びの古典理論は①遊びは価値のあるものであるとする見方、②遊びは何かの発達に有効であるとする見方、③遊びは子供に特徴的な行動形態であるとする見方を生み出したと論じています。そこから、遊びが何らかの発達に有用であるならば、教育的価値が見出せるのではないかと私は考えました。

その古典理論の中でも、興味深いのは「準備（練習）説」です。

大人になった時に必要な能力を身に付けるために、幼年期に練習を通して身に付ける必要があり、それが遊びという形態をとるという説です。『動物の遊び』、『人間の遊び』という遊びに関して初の体系的な著作を発表したカール・グロースが提唱しました。例えば、ライオンの幼年期におけるじゃれあいやケンカ遊びは、大人になった時の狩りの練習であり、そうして遊ぶ中で大人になるために必要な技能を身に付けているというわけです。

各種研究の中で、子ネコに見られるじゃれあいと言った遊びと大人になってネズミを狩るときの狩猟行動のパターンが必ずしも一致するわけではないと指摘されたように、この遊びの中で繰り返された行為は、大人になった時の実践行動と直結しないことも分かっています（中野1996、27頁）。

しかし、幼年期に遊びが見られること（学びはじめが遊びの形態をとること：グロースは練習としての遊びが必要だから幼年期があるのだと言います）や、遊びと言う行為が繰り返されることで動物であれば身体的発達が、さらに人間で言うと精神的発達も促されているのは確かでしょう。

**グロースがいう遊びの反復行為による身体的発達**について、ジャン・ピアジェは「いずれの器官もそれを使用するから発達するのだという、生物学的過程によって説明され得る（1962、12頁）」とし、「器官を発達させるには、その機能に応じて（外部から）助長することが必要である（1962、12頁）」と述べます。そして、その助長する働きかけこそが遊びという形態をとるというのです。

このように、グロースの遊び理論は、ピアジェをはじめとした現代の遊び研究にも大きな影響を与えていきました。

ピアジェは、自身の子供を含む多くの乳幼児をつぶさに観察する中で、**遊びと模倣を分けて考え「模倣は調節の継続であり、遊びは同化の継続」である**としました。**同化の継続とは、すでに獲得されたある対象への関わり方を他の様々な対象に対しても繰り返し当てはめるということ**です。そのように同化を繰り返すことは、自身の行動や環境を自身で統制しているという達成感による「機能的快楽」をもたらし、有能感（コンピテンス）を育てると考えました（1962、12頁）。

ピアジェは、発生的認識論を提唱し、**知識とは子供と環境との相互作用を通じて構成されるもの（構成主義）**だとしました。乳幼児は誰しもが身の回りの世界の事象や対象を認識するための枠組み（シェマ）を持っており、外の世界の事象を自分のシェマに取り入れたり（同化）、外の世界の事象に合わせて自分のシェマを修正すること（調節）によって、世界を理解していくと言います。そのように、同化と調節を繰り返しながら（均衡化）、シェマを拡張し、高度化していきながら認知機能が発達していくというわけです。

同化と調節に関して例を挙げてみます。イラストを見てください。そもそも乳幼児はシェマという物事を認識する枠組みをもっていました。それは、言葉を媒介にした概念といったまとまりのより簡単なものと言えるでしょう。例えば、乳児が目の前にある物は掴むことができるというシェマをもっていたとします。そうすると、ブロックに歯固め、人形など乳児は目の前にある様々な物を掴み始めます。まさに自分のもっているシェマに当てはめて様々な対象を理解しようとする姿で、これが同化です。ある時、お風呂場で、目の前の洗面器に入っているユラユラしたもの（水）を掴もうとしました。しかし、水はいくら掴もうとしても掴めません。試行錯誤している内に、とうとう片手で水をすくうことに成功します。それは、対象の欲求につき動かされる形で自身のシェマを組み替えた姿だと言え、これが調節です。そうして、固体のものは掴むことで持ち運びできるけれど、液体のものは掴むことができない。液体はすくうことによって持ち運びできるのだと気付くわけです。

大人からしたら当たり前のことかもしれません。ですが、言葉も理解できない、さらに世界が未知の事象で溢れている乳児にとっては、まさに驚くべき発見（ピアジェは発明であると言います）であって、そうして認識の構造を自ら構築し、世界をみるみる理解していく乳児は、誰しもがまさに学びの天才であると言えます。ピアジェによると乳児は感覚運動的なシェマや知覚的なシェマなど様々なシェマを有していると言います。また、乳幼児は言語を操作で

きませんから、このシェマは思考と結びつく言語による概念と違い、行為に結びつき感覚的・運動的な「行為の道具」ということができます。

さて、先述したようにピアジェは遊び（同化）と模倣（調節）を分けて考えています。先ほどの赤ちゃんの例で言えば、「できた！」という機能的快楽をもたらすという意味で、様々な物を掴むことは赤ちゃんにとって遊びと言えるでしょう。同時に、水はすくうのだとシェマを調節したのは、きっと周囲を見ながら両親が水をすくうのを発見し、模倣した結果だと考えることもできるでしょう。

他にもおままごとに代表されるふり遊びの場合、お買い物をする、赤ちゃんのお世話をするなど遊びの中で自身のもっているシェマ（現実世界の事象）を再構築しながら適用範囲を広げているという点で同化であると言えます。もちろんその場合、友人とのやりとりの中で、自身のシェマを調節することもあるでしょうが、あくまで同化の働きの方が色濃く出ます。とは言っても、均衡化という言葉でも表されているように同化と調節は交互に繰り返され均衡していいます。だからこそ、**ある行為が遊び（同化）であるか、模倣（調節）であるかは、ある場面においてどちらが優勢的に見られるかというだけで、両者は相互補完的で一体的なものであると**言えます。

ですから、**遊びは結果として、身近な人・もの・ことに関わる中で、様々な対象との関わ**

り方の適用範囲を広げていき、適切な関わり方を獲得するという意味で、コンピテンスが育まれる活動であると私は考えています。

そして、このコンピテンス（コンピテンシーと同義）の日本語訳が、実は資質・能力なのです。ということは、乳幼児期において遊びは資質・能力を育む上で自然発生するものであり、なくてはならないものだと言えます。

なおピアジェの研究の対象はあくまで乳幼児期のものでしたが、同じくコンピテンスについて研究しているロバート・W・ホワイトが、コンピテンスは「乳幼児期に限らず、精神的に健康な人間の一生涯に渡って多種多様に見られる（奈須2017、51頁）」ことを明らかにしています。そのような知見から、遊びが資質・能力を育む上で、乳幼児だけでなく、生涯にわたって何らかの働き（教育的価値）をもたらすことを予想することができます。

さらに、ホワイト（2015）は、「コンピテンスに資するには、遊び的・探索的でありながらも、環境との相互作用において指向性、選択性、そして持続性を呈するような活動である。（80頁）」としており、これは遊びの教育的価値をより一層明らかにするだけでなく、遊びの条件や類型を考える上でも大きな示唆になりえます。

ホワイトのコンピテンスに関する研究に見られるように、ピアジェの構成主義的な考え方は、現代の発達心理学や学習理論に大きな影響を与えています。また、ピアジェと同じく現代の学習理論に大きな影響を与えた一人にL・S・ヴィゴツキーがいます。奇しくもピアジェと同じ1896年生まれのヴィゴツキー。両者は生まれ年だけでなく、数々の研究や思想においても多くの共通点が認められます。そんなヴィゴツキーは遊び（特に三歳児以降の幼児期における虚構場面を創造する遊び）について次にように言います。

遊びは発達の最近接領域を創造する。遊びのなかで子どもは絶えず、その平均的年齢よりも上位におり、その普通の日常的行動よりも上位にいる。遊びのなかでは子どもは、頭のなかで自分自身よりも年上であるかのようだ。遊びは、凝縮した形で、虫めがねの焦点のように、発達のすべての傾向を含んでいる。（1989、30頁）

このように、ヴィゴツキーは遊びが幼児の発達において、なくてはならないものだと主張します。注目すべきは、**遊びは発達の最近接領域（Zone of Proximal Development：NPD）を生み出している**と主張している点です。発達の最近接領域とは、図のように子供が自身の力では成し遂げられないが、大人の適切な援助があれば成し遂げられるような課題領域のことを指します。だからこそ、大人との交流や助力、直接的な教授などといった社会的相互作用によって発達を促すべきだとヴィゴツキーは言います。この「教授―学習」は発達の最近接領域において最大限の効果を発揮します。しかし、遊びの中で子供たちは、実生活でできることよりも一歩先のことを行っていることから、「発達に対する遊びの関係は、発達に対する教授―学習の関係に匹敵すると言わなければならない（1989、30頁）」としています。この遊びには子供の発達を促す機能が内在されているとする主張はとても興味深いものがあります。ヴィゴツキーは幼児は誰に教えられなくとも、遊ぶことで学び、成長できることを明らかにしたのです。

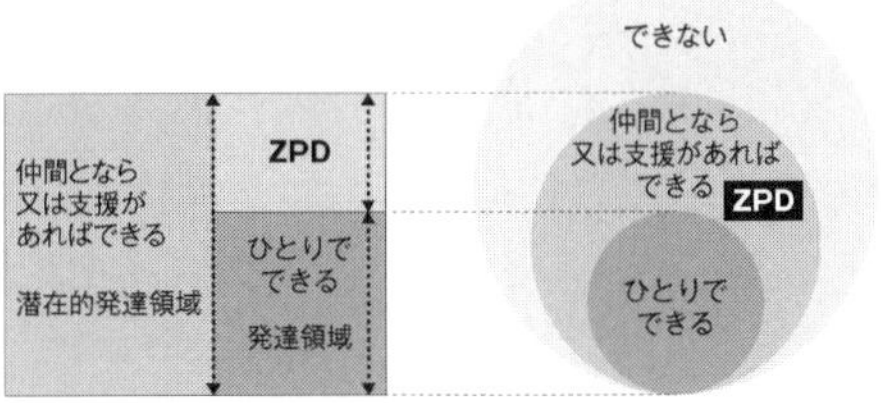

▶発達の最近接領域（ZPD）

また、ヴィゴツキーの発達の最近接領域において必要となる社会的相互作用をジェローム・ブルーナーは、足場かけ（scaffolding）と呼びました。発見学習の重要性を指摘したブルーナーも遊びに関してはピアジェと同様に先のグロースの準備説に大きな影響を受けています。

中野（1996）は、ブルーナーの遊びに関する言説（未成熟の効用）を次のように紹介しています。

ブルーナーは、遊びの中では、遊びはマスターのための行為（マスタリー・プレイ）であり、その応用の場（ポスト・マスタリー・プレイ）だという、いわば〝学びの場〟としての子どもの遊び論を提起した。なぜならば遊びの場では、a）失敗を気にする必要がない、b）行為のゴールを自由に設定できる、c）その行為自体が報酬となっているかのように好きなだけ反復と応用ができる、d）その結果、新たに学習された行為は新たな安定した行為パターンだと確立され、より複雑な行為の体系を形成できる（Bruner,1973）からだという。…（中略）…遊びの中ではその子のスキルに合うように自由に選択・調整でき、挑戦的な試みができるので、様々な新たなスキルが獲得されるのだという。（28頁）

このように、ブルーナーは**「習得のための遊び（マスタリー・プレイ）」**と遊びに対する考えを述べました。これは、反復による発達を説いたという点で、グロースの論と重なります。また、遊びは失敗することを気にする必要がないからこそ、気軽に挑戦することができるといった遊びの特徴は大きな教育的価値を内包しています。

さらに、ブルーナーは、遊びの意義を反復作用に留めず遊びを**「応用の場（ポスト・マスタリー・プレイ）」**でもあり、つまるところそれは「学びの場」としての効用があると主張しています。同じく佐伯（2003）も「『遊ぶ』ことは人間の本源的な学びの在り方」であることを次のように説明します。

遊びの中でわたしたちは「自分にできること」や「自分には〝分かっている〟こと」を、何度も何度も、いろいろな側面から、いろいろな場面を通して「確認」し、確かめている面もある。自分自身の知識や技能を、新奇な場面に自らをさらしながら、再確認し、再構成している（322頁）

佐伯が言う遊び論は、奇しくもピアジェが説いたシェマによる対象の同化やブルーナーのマスタリー論と多く重なる点があります。そして三者とも遊びについて論じる過程で、遊ぶことは同時に学ぶことを意味すると主張しています。

遊びの教育的価値を考えるときにもう一人注目したいのがジョン・デューイです。二十世紀初頭の世界的な進歩主義教育運動に大きな影響を与えたデューイは、「なすことによって学ぶ」という言葉からも分かるように、生活と教育を融合する経験カリキュラムを重視していました。

そんなデューイも遊びが人間形成や学校教育において、大きな役割を果たすと考えていま

した。デューイは、附属幼稚園での観察実験から

遊びにおいては、たんに無関心に生きているときよりも、彼らを取りまく人生のいろどりすべてに注意深く気付き、記憶と習慣にそれを刻みつけていく。それゆえ模倣的ゲームは、子どもに自分の環境や、おこないつづける必要のあるいくつかの過程に気付くことを教える点において大きな教育的価値をもつ（2019、151頁）

ことを発見します。子供たちは、**遊びに没頭するが故に、様々な知識を獲得し、技能が習得されるということ**というのです。他にも、**遊びが物事の認識、概念形成、ひいては思考力の芽生えをもたらす**ことを次のように言います。

子供は石を卓子に用い、葉を皿に、椰子の実を茶碗に見立てる。…（中略）…そうしたものを扱う際に、子供は具体的なものと共には住まず、こうしたものによって触発される自然的かつ社会的な広大な意味的諸存在の世界に住んでいる。それ故、子供が馬遊戯をし、店遊戯をし、家遊戯をし、または何ごとか声を発する時、彼等は具体的に現存するものを観念的に表象されるものに従属させている。このようにして、意味の世界が、概念の蓄積が、規定され、確立される。（1951、253頁）

さらには、遊びの教育的価値とは単に活動を面白くするだけでなく、**遊びそのものの中に子供の認識や概念などの発達を促す効果がある**ことを次のように述べています。

> （近代の幼稚園は）遊び、すなわち子どもたちが学校外で遊んでいるのを見かける類のゲームを、たんに子どもたちに課業に興味をもたせる手段としてだけでなく、そのゲームが含む教育的価値のために、そして子どもたちに毎日の生活についての正しい種類の理想と考えを与えるために用いている。（２０１９、１５１頁）

長年、カリキュラムを巡っては、科学的な知識をはじめとする文化遺産の系統的な教授を重視する系統主義と、子供の興味や関心、生活経験を重視する経験主義といった二つの立場が半ば対立的に論じられてきました。その旗手である、ブルーナーとデューイ。その二人がこと遊びに関しては、どちらも教育的価値を論じ、立場を同じくするのはとても興味深いものです。この偶然の一致は、まさに佐伯の言うように**遊びは人間の本源的な学びの在り様を示している**からなのかもしれません。

現代においても遊びの教育的価値はその輝きを増すばかりです。スクラッチというプログ

▶クリエイティブ・ラーニング・スパイラル
レズニック(2018)より

ラミング環境の開発者であるミッチェル・レズニック（２０１８）は、キンダーガーデン（幼稚園）で行われている学びこそ創造的な学びであるとし、その学習プロセスをクリエイティブ・ラーニング・スパイラルとして上図のようにまとめています。さらに、創造的思考者になるための四つのPとして、課題(Project)、情熱(Passion)、仲間(Peers)、遊び(Play)を挙げます。

　さらに、レズニックに大きな影響を与え、先のピアジェのもとで研究をしてきたシーモア・パパート（１９８２）も「何かを作る活動こそ最も効果的な学びがある」と言い、子供は具体的なものづくりを通して知識を構成すると考えました。それは構成主義から構築主義へとピアジェの考えを発展させるものでした。

　現代において、創造性を育むことは時代背景と共に注目を浴びるようになってきていますが、その**創造性と遊びは密接に関連付いている**と言えます。

　この他にも山田（１９９４）が遊びの価値を述べている研究及びその研究者について次の

ようにまとめています。ここでは概略だけ記しますので、詳しくは原著もしくは訳書にあたってもらえたらと思います。

| | |
|---|---|
| ハーロック | ①身体的価値、②社会的価値、③教育的価値、④道徳的価値 |
| ミッチェル、メイソン | ①身体的側面、②精神的成長の側面、③社会的学習の側面 |
| ウシンスキー | ①知、情、意の形成、②未来への影響 |
| リュブンスカヤ | ①社会生活の模倣的役割、②周辺世界の認識的役割、③望ましい性格形成の役割、④創造性の育成の役割 |
| 下田歌子 | ○無意識のうちに身体的、知的、道徳的価値をもたらす。 |

ここまで古今東西の遊びの研究史を紐解いた結果、各種研究から遊びには様々な教育的価値があることが明らかになってきました。

私自身、実際に調べながら、とても興味深かったことがあります。それは、遥か昔から時代を超えて遊びが再考され続けていること、そしてその多くが遊びと学習（教育）を関連的に論じていることです。まさに**遊びの在り様を考えることは、同時に学びの在り様を考えることでもありました**。

様々な研究や知見から見えてきたものは、遊びの教育的価値に留まらず、ピアジェの発生的認識論、ブルーナーのマスタリー論、ヴィゴツキーの発達の最近接領域論などに見られるように遊びが生まれるメカニズムや場、そして遊びと学びの関連にまで至りました。私たち教師が、いえ世の多くの人が「遊び」を教育や学びに生かせるのではと漠然と抱えてきた思いは間違いではなかったのだと言えます。

本書では、ここまで主に認知能力を中心とした遊びの教育的価値について考察を進めることで、その重要性を明らかにしてきました。しかし、遊びの教育的価値はそれだけに留まりません。近年幼児教育を始め様々な場で話題にのぼる非認知能力。先述の一覧を見ても分かるように、遊びの教育的価値は社会性や道徳性の涵養といった非認知能力の育成も内包しています。さらに、近年の研究からも幼児期の遊びが非認知能力の育成にも大きな影響を与えることが明らかにされつつあります。ここからも、**遊びはまさに全人的な発達を促す上で教育的価値が非常に高いことが分かります**。

しかし、遊びの教育的価値を検討する上で、一点、気を付けなければいけないこともあります。それは、遊びを都合よく解釈しないということです。

「子どもは遊びたいから遊ぶのであり、その教育的機能は潜在的であるのに、現代は遊びの教育的機能を強調するあまり短絡的に遊びをとらえる矮小化の弊害が出ている（清水1983、316頁）」、「遊びを教育との関連において捕えようとする限り、子どもの発達にとって有効とみなされる遊びの側面のみが、強調されることになる（髙橋1996、8頁）」と指摘されているように、遊びを教育と関連付けて考える際に、遊びのある一面だけを見て、独善的にならにように心に留めておく必要があります。

## 遊びの条件―遊びとは何か―

遊びの教育的価値が明らかになってきたところで、続いて、遊びとはそもそもどのような行為なのか、遊びそのものに迫っていきたいと思います。

実は、数ある遊び研究の中でも、「遊びとはこれこれこういうものである」と定義付けている研究は案外少ないのです。それは、やはり遊びが多種多様であるからだと言えます。ここでは、古今東西の研究で遊びがどのように定義づけられたか見ていきます。

前項では様々な研究をもとに遊びの教育的価値について明らかにしてきました。しかし、それらの研究は基本的に乳幼児期、もしくは児童期に見られる遊びを対象としていました。

そして、それらは高橋（1996）や清水（1983）が指摘するように遊びの教育的価値が高いばかりに、遊びが理想論化され、遊びそれ自体を矮小化しているという課題も孕んでいました。そのように、身体的、社会的、もしくは精神衛生上好ましくない遊びはそもそも検証しないとする原理が働くのは教育学や発達心理学の分野の研究に多く見られます。

そこで、遊びを定義付けるにあたり、より広い視野から遊びを考察するために、遊びの全ての側面に目を向け、さらに全年齢に見られる遊びを対象とし考察を進める、歴史学や社会学からみた遊び研究について深堀りしていきます。そこで、注目したいのが、日本における遊び研究の火付け役となったヨハン・ホイジンガとロジェ・カイヨワです。

日本で遊び研究について盛んに論じられたのは、一九七〇年代の頃だと言われています。六十年代後半に議論の的となったレジャー論のつながりの中で遊び研究が注目されたのです。仕事とレジャー（余暇）が対立的に論じられる中で、レジャーの価値を再構築するための一つの方法として遊び研究が持ち出されます。それは遊ぶ価値の再考でもありました。どこか不真面目で、不謹慎であるとする遊びに対する見方。それを人間にとって必要なことであり、望ましいことなのだとする見方へと価値の転換を図ったのです。

このように、日本ではまず初めに、社会学的視点から遊びが論じられ始めます。そしてその議論は七十年代後半から次第に心理学や哲学の領域にも広がっていきました。その議論の中でホイジンガやカイヨワの言説が注目されたのです。

ホイジンガは自身の研究で、「人間の文化は遊びにおいて、遊びとして、成立し、発展した」と結論付けます。**人間の創り上げてきた全ての文化は遊びの形式の中で生まれる。**だからこそ、人間の本質は**「ホモ・ルーデンス（遊ぶ人）」**だと言うのです。そんなホイジンガは次のように遊びを定義付けています。

①自由な活動
②日常のあるいは本来の生ではない活動（日常の利害関係を離れているもの）
③日常生活からその場と持続時間によって区別される（時間的・空間的制限）

このホイジンガの理論を批判しながらも発展させたのが、カイヨワです。カイヨワはホイジンガの提唱する遊びの対象をさらに広げ、分類・整理しました。遊びについてカイヨワは、次のように定義付けます。

①自由な活動
すなわち、遊戯者が強制されないこと。もし強制されれば、遊びはたちまち魅力的な

愉快な楽しみという性質を失ってしまう。

②隔離された活動

すなわち、あらかじめ決められた明確な空間と時間の範囲内に制限されていること

③未確定な活動

すなわち、ゲーム展開が決定されていたり、先に結果が分かっていたりしてはならない。創意の必要があるのだから、ある種の自由がかならず遊戯者の側に残されていなくてはならない。

④非生産的な活動

すなわち、財産も、富もいかなる種類の新要素も作り出さないこと。遊戯者間での所有権の移動をのぞいて、勝負開始と同じ状態に帰着する。

⑤規則のある活動

すなわち、約束事に従う活動。この約束事は通常法規を停止し、一時的に新しい法を確立する。そしてこの法だけが通用する。

⑥虚構の活動

すなわち、日常生活と対比した場合、二次的な現実、または明白に非現実であるという特殊な意識を伴っていること。

他にも遊びをより広い視座から捉えるために、西村の遊び論を取り上げます。西村（1989）は、哲学分野から現象学的アプローチをもって、遊びをより広く捉えます。

「遊びがある」とは、それゆえ、一方で、そこで遊びが生じる余地、他方で、この余地の内部であてどなくゆれ動く、往還の反復の振り、すなわち、現象ないし行動がとる遊びという様態とが存在することができる。（24、25頁）

西村はこの遊びが生じる余地を「遊隙」、往復する反復の振りを「遊動」とし、遊びにはこの二つの要素が見られるとします。これは遊ぶという現象には遊動を生む遊べる隙間（遊隙）が必要であることを意味します。

これらの遊びの定義を参考にしながら、続いて教育学的視点での遊びの定義を重ね合わせてみたいと思います。幼児教育（保育学）における遊びが重要であることを主張した山田（1989）は次のように遊びを定義づけています。

### ①その活動がその活動の主体にとって楽しいこと

②主体にとっては、その活動自体が目的であって、その活動が、その外部にある他の目的達成のための単なる手段となっていないこと
③外部から強制され、拘束されているという感じを主体がもたないこと

どうでしょうか。並べて整理してみると、実は多くの点で重なることが分かります。例えば、カイヨワの言う自由な活動と山田の言う強制感のない活動は、自由ということは強制感を感じることがないので、つまるところ同じ意味です。また、遊び自体が目的となることは、非生産的であり、日常の利害関係を離れるということとも不可分です。先に挙げたホイジンガ、カイヨワ、山田の定義を中心に、古今東西の遊び論を参考にしながら本書では遊びを次のように定義付けます。

①　遊び手が楽しいと感じる活動であること
②　遊び手が外部から強制されたたり、拘束されたりするという感じをもたないこと
③　遊び手にとって遊ぶこと自体が目的となる連続した文脈が形成されていること

①「快楽性」と③「属文脈性」だけ少し説明を付け加えます。

ここでいう「楽しい」が意味するところは、決してポジティブな意味だけを指すのではありません。ミゲル・シカール（2019）は遊びの快楽性について次のように言います。

「遊びが作り出す快は、必ずしも楽しさや気分のよさといったポジティブな質によるわけではない。遊びは、それがわたしたちを傷つけたり、いら立たせたり、悩ませたり、わたしたちに課題を与えたりするときにも、あるいは場合によってはわたしたちが遊んでいないときにすら、快をあたえるものになりえる（16—17頁）」

シカールの言うように、遊びにおいては困難な状況に至っても、いえむしろ困難で上手くいかない状況だからこそ、快をもたらすことが往々にしてありえます。本書では、その根底には、そういった状況すら遊び手が「楽しい」と感じているのだと解釈し、より広い意味で「楽しい」という言葉を用いることとします。

続いて、属文脈性についてです。文脈が形成されるとは、自己選択・自己決定を繰り返すことで、遊びの要素を含むある活動に没頭し、その活動を行うこと（＝遊ぶこと）自体が目的となったり、遊びが積み重なり遊び（学び）がストーリー化していったりすることです。これはホイジンガの言う「日常の利害関係から離れる」、カイヨワの言う「非生産的」、山田の言う「非目的」と重なります。まさに「遊びの世界に入ること」と言い換えることもできます。もちろん、この遊びの世界に入るためには、遊び手同士の関係性も重要です。規則や規範をある程度共有していたり、お互いの話を聴き合えたりするなど遊ぶことのできる関係性が構築できていてはじめて、遊び手は遊ぶ世界に入ることができます。

遊びの定義からも分かるように、遊びを考える上で大事なのは、**ある行為・行動・活動が「遊び」になるかどうかは「遊び手がどう感じるか次第である」**ということです。だからこそ、誰かにとっては遊びでも、違う誰かにとってはその行為は遊びとはなりえないということが起こります。また、同じ行為であっても、誰とするか（対相手）、いつするか（対時間）、どこでするか（対場所）、どれぐらいするか（対頻度）によって遊び手にとって遊びになるか変わってきます。

まさに、玄妙というか不可思議というか、考えれば考えるほど遊びは面白いものです。遊びは、その行為や行動、活動といった形態に目が行きがちですが、**遊びは形態的にそこに在るものでなく、遊び手の「遊ぶ」という行為によって、遊びに「なる」ものだ**と言えます。デューイも著書『学校と社会』にて「遊びは、子どもが外面的に為すことがらと同一のものであると考えられてはならぬ。遊戯はむしろその全体性とその統一性において、子どもの精神的態度を示す（141頁）」とし、遊びを活動の形態でなく、遊び手の心理状態であり、心的態度であるとしています。

さらに山田（1994）は遊びという言葉の危険性について次のように主張しています。

「遊び」という一つの「言葉」は、要するに多様な内実の活動に対して「付けられ」ている、というのが現実である。したがって「遊び」という言葉を聞いても、その言葉によって意味される内実は異なるという事実が生じる。…（中略）…Aの行う活動を、Aが自分で「遊び」と思っていても、Bの定義や見方からすれば、それは「遊びではない」ということがあり得るわけである。（15頁）

つまり、重要なのは遊びという形態でなく、遊び手の認識だということです。山田はある行為や活動が遊び手にとって遊びに「なる」ことを「遊び化」と呼びます。先ほど挙げた①楽しい活動である（快楽感）、②強制感を感じない（非強制感）、③遊ぶことを目的とした連続的な文脈が形成されている（属文脈性）というものは、まさにある行為や活動が遊びに「なる」ための条件であり、理論上、子供たちが行う全てのことは遊びになりうる可能性をもっているといえます。

この遊びを形態でなく態度であるとする考え方。同じく高橋（1996）も「遊びの定義を行うに際しては、その形態にのみ着目するよりは、一度動機や心理的な機能も含めた諸特徴に着目してみる方が遊びの本性に迫るのに好都合である（6頁）」とします。他にもJ・N・リーバーマン（1980）も「プレイフルネス」という概念を提唱し、遊戯性（遊び心）は、図のように遊びや創造性のもとにあることを示しています。

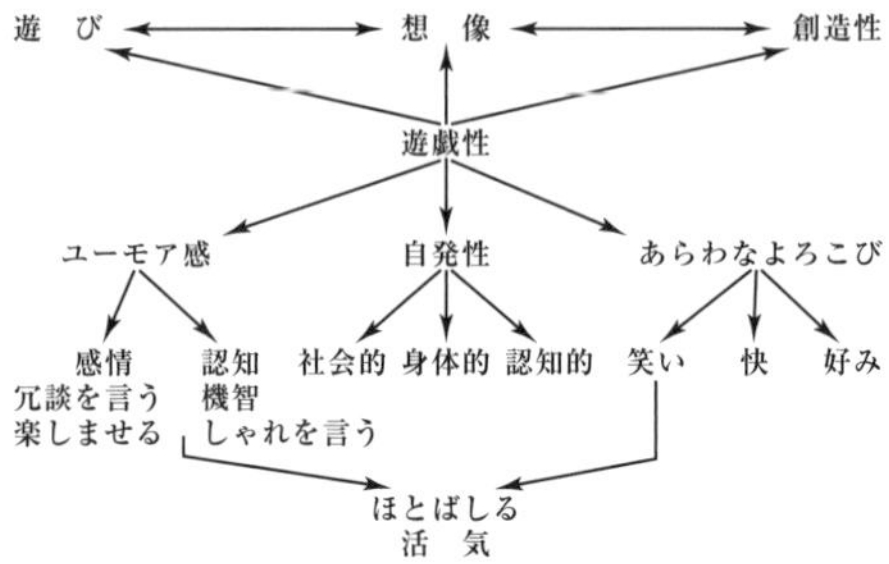


▶遊び，想像，および創造性と遊戯性の間の関係についてのモデル
リーバーマン（1980）より

以上から、数々の論考をもとに本書では、**遊びは活動の形態ではなく、遊び手の認識であり、心的態度であるとし、ある活動が遊び手にとって遊びに「なる」ことが大切である**とし、論を進めます。

## 遊びの類型――どのような遊びがあるのか――

遊びは遊び手の心的態度により遊びに「なる」ものだとする先ほどまでの主張と矛盾するようですが、遊びにもある一定の形態があります。もちろん、ある活動がある人にとっての遊びになるかどうかは、これまで説明してきたように、また別の話です。遊びは遊び手の心の揺れ動きによって成立するものではありますが、一般的に多くの人が「遊び」だと認識し、楽しさを感じやすい行為や活動と言うものは確かにあるのです。

そして、それらを整理・分析していくと遊びにも、ある一定の形態的な類型が見えてきます。ここでは、先に挙げたホイジンガやカイヨワ、山田の主張する遊びの類型について整理しながら、本書での遊びの類型を定めていきます。

ホイジンガは遊びには競争の遊びと模擬の遊びの二種類があるとしました。

カイヨワはさらに古今東西の遊びの形態を整理・分析し、競争や闘争の遊びであるアゴン、さいころ遊びに端を発する偶然性、運の遊びであるアレア、ごっこ遊びや演劇のような模倣したり演じたりする遊びであるミミクリ、倒錯する感覚を楽しむ眩暈の遊びであるイリンクスといった四つの類型にまとめました。

子供たちの遊ぶ様子を見ていても、いずれも妥当性は高いと感じます。誰かと何を競争するとき、靴を投げて天気を占うとき、ヒーローになりきって遊ぶとき、また遊具にのって遊ぶとき、いずれも楽しそうな子供の笑顔がそこにはあります。

山田はホイジンガ、カイヨワの分類の妥当性を認めつつ、眩暈の遊びであるイリンクスを倒錯感以外も含む感覚全般を対象とした感覚遊びと発展・統合的に捉えました。また、何かを集めることに楽しさを感じる収集の遊び、そして何かを創り上げる創造の遊びを新たに遊びの分類に加えています。

山田の主張する感覚遊びについても、確かに子供たちは平衡感覚を崩す遊びも大好きですが、砂遊びをするときの砂のひんやりした感覚や砂と水を合わせて泥になったときのあの感覚も好きで繰り返し楽しそうに遊んでいる姿もよく目にします。また同様に、宝石みたいな石、色とりどりの秋の葉などの何かを集めてコレクションして遊んだり、ブロックや砂を何かに見立てて創り上げて遊んだりする姿もよく目にします。

本書では、遊びの可能性を探り広げることで教育実践に援用できるようにするため、遊びというものを広くとらえたいと考えています。そこで、山田の主張を参考にして、遊びの分類について次のように定義づけます。

| 分類 | 内容 | 例 |
| --- | --- | --- |
| 競争の遊び | 競争を伴う遊び | 取っ組み合い、かけっこ、サッカー、スポーツなど |
| 偶然の遊び | 運を伴う遊び | じゃんけん、天気占い、競馬など |
| 模擬の遊び | 真似、模倣を伴う遊び | 空想遊び、ごっこ遊び、演劇、見世物全般　など |
| 感覚の遊び | 身体的な諸感覚が揺さぶられるような遊び | ぶらんこ、ぐるぐる遊び、スキー、登山、砂遊びなど |
| 収集の遊び | 収集、採集を伴う遊び | きれいな○○集め、コイン収集、切手収集など |
| 創造の遊び | 創造や創作を伴う遊び | 粘土あそび、ブロック遊び絵画、製作など |

表をよく見てください。感覚の遊びでは、ぶらんこと登山といった遊びが例示されています。確かに、どちらとも普段生活しているのでは味わえない感覚を楽しむ遊びです。しかし、遊びの複雑さはずいぶん違います。一方は子供でもできる遊びですが、もう一方はある一部の人しか楽しさを感じないのではと思う遊びです。

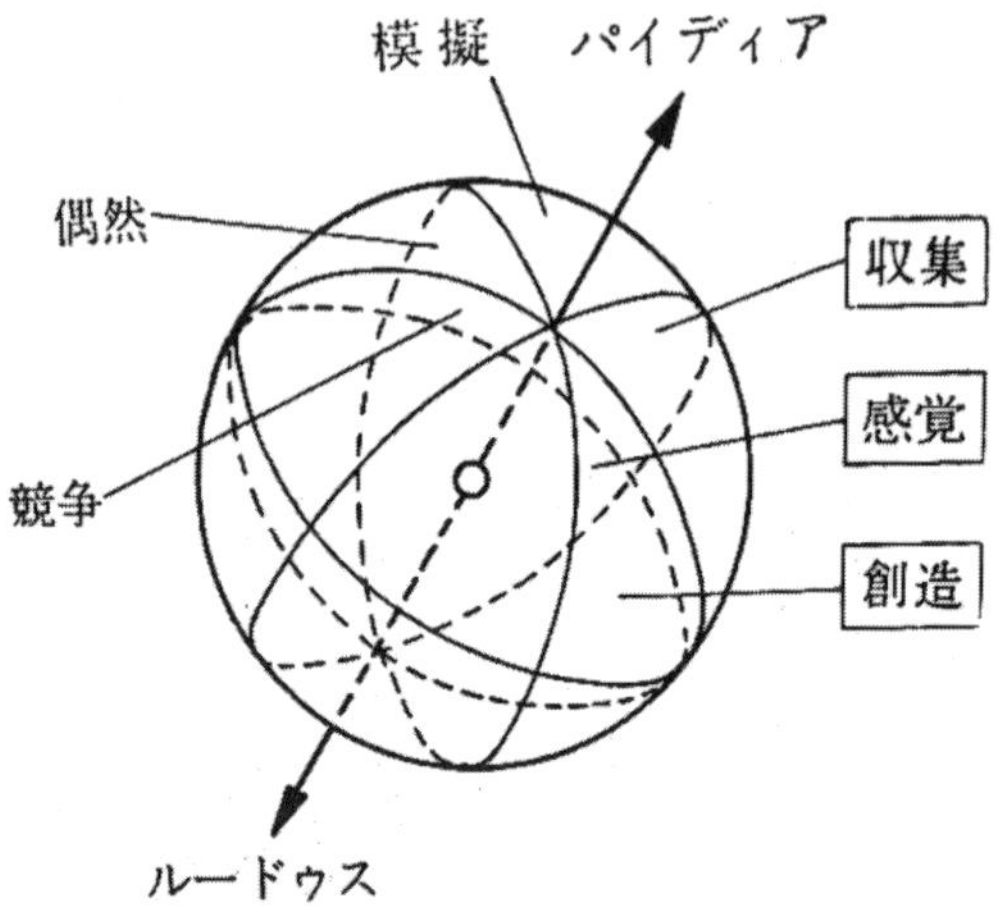


▶遊びの範疇の試案　山田（1971）より

このように遊びには、遊びの形態的の類型に加えて、その中でもより原初的な遊びと、複雑化した遊びの二つがあります。カイヨワは、これら二つの遊び関係のことをパイディア（Paidia）とルドゥス（Ludus）と呼びました。「喧騒から規則へ」という言葉を使いながら、**ルールがなく、思いつくままに気ままに遊ぶ喧騒状態のような遊びであるパイディア**と、**規則（ルール）や用具、形式によって複雑化されたルドゥス**があると主張しました。

競争の遊びであれば、それは取っ組み合いがパイディア、野球やサッカーなどはルドゥスにあたります。模擬の遊びであれば、空想の遊びがパイディア、演劇であればルドゥスにあたります。

以上を踏まえると、右イラストのようにまとめられます。競争、偶然、模擬、感覚、収集、創造という6つの遊びの類型があります。加えて、それぞれの類型の中で原初的な遊びであるパイディアと複雑化された遊びであるルドゥスという軸があるというわけです。

# 第二章　小学校に「遊び（Play）を持ち込む」

　第二章は遊びの世界と低学年教育の世界を融合させていきます。

　第一章で見てきた遊びの条件や類型。それらを足掛かりとして、遊びで授業を創るときに、大事にすべきことを考えていきます。

# Play型授業

☆3つの条件
・快楽性
・非強制感
・属文脈性

☆6つの類型
・競争 ・偶然
・模擬 ・感覚
・収集 ・創造

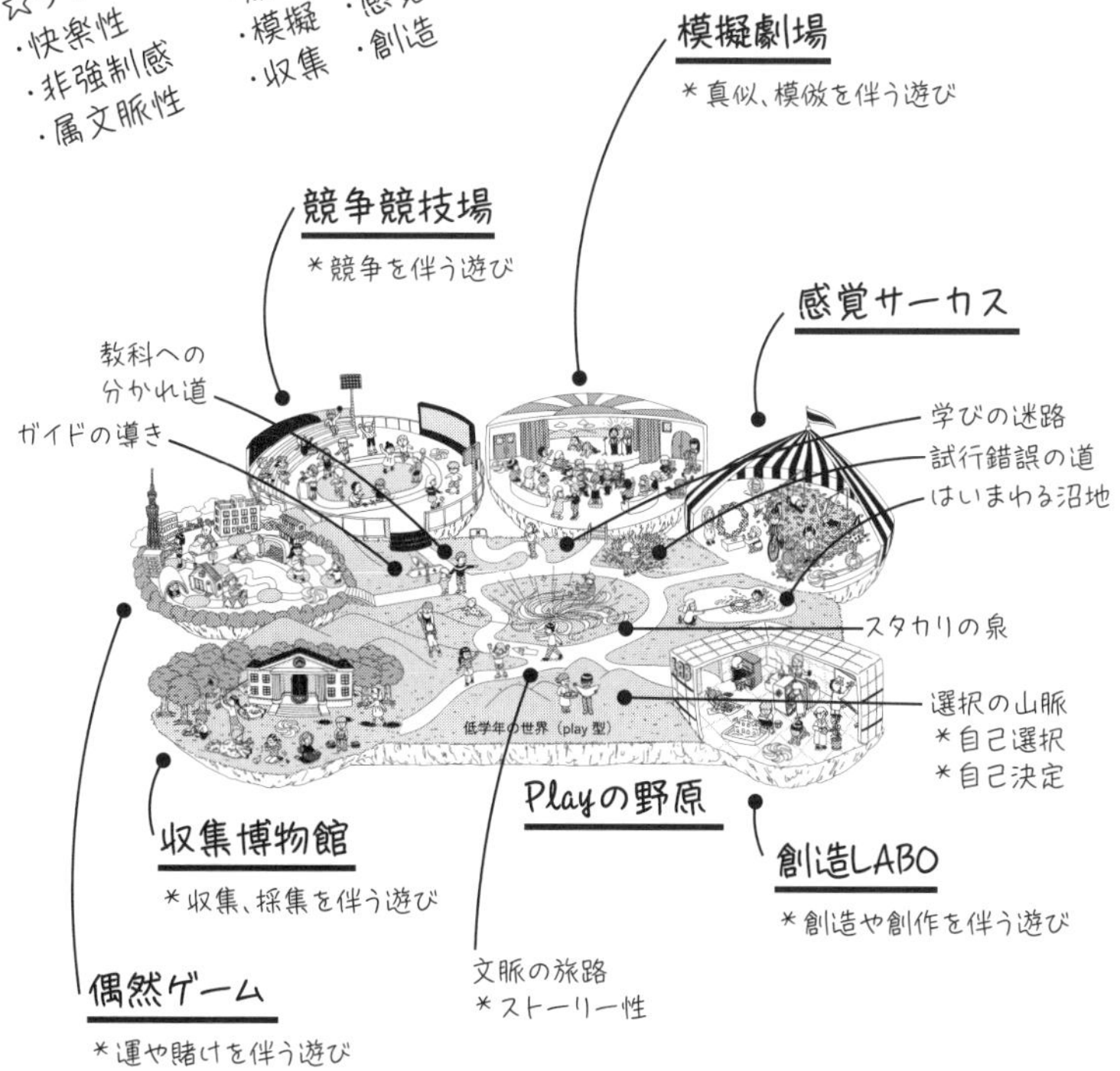

# 授業にPlayを持ち込む―授業が遊びに「なる」を考える―

古今東西の遊び理論をもとに、ある行為や活動が遊び手にとって遊びになる条件、そして遊びの六つの類型と、それを貫く軸を明らかにしてきました。さらには、遊びの教育的価値について考察を進めてきました。

ここからいよいよ小学校に「遊び（Play）をどう持ち込んでいくのか」について論を展開していきたいと思います。

さて、イラストを見てください。イラスト中央に物を散らかしている子供がいますね。それに対して、教師が何か声をかけています。あなただったらどのような言葉をかけますか。

① 早く片付けなさい！

② 片付けできる子はスーパー一年生だね！　すごい！

③ 誰が最初に片付けが終わるか競争するよ！　よ〜い、どん！

どうでしょうか。①では、「片付けをせよ！」という教師からの強制力がかなり強い印象を受けます。多分誰も片付けしたいと思わず、嫌々片付けをする状況を生むかもしれません。

では、②はどうでしょう。①に比べると多くの子が、片付けを始める姿が想像できます。大好きな先生に褒めてもらいたいのでしょう。ですが、進んで片付けをしているかと言われると違う気がします。この子たちは、先生に褒められたくて片付けをしています。

最後の③では、多くの子たちが夢中になって片付けを始める姿が想像できませんか。しかも、終わった子からきっと「こんなに早く終わったよ！」という声も聞こえてきそうです。楽しさ故に、片付けをする姿がそこにはあります。

本書をここまで読み進めていただいた皆さんならもうお気付きかと思います。そう、③の指示には片付けを競争に見立てることで片付けが遊びになる工夫が隠されています。

このように、子供たちのワクワク感やドキドキ感を引き出すのが上手な教師は、自然とある活動が子供たちにとって遊びに「なる」ようにしていると私は考えています。それは、遊びになる条件を満たしているのかもしれません。もしくは無意識のうちに、ある活動を六つの遊びの類型になぞらえて指示をしているのかもしれません。

そもそも、子供たちが楽しいと感じるならば、そこには何らかの遊びの条件や類型が隠れているのではないでしょうか。つまり、教え上手、センスがある、授業が上手い、そんな教師の根っこには遊び心があったり、指導の根本に遊びの要素があったりすると考えられます。

しかし、そのような教師であっても、冒頭の例のように遊びの「楽しさ」といった要素のみに目を向け、遊びの一部分を手段的に用いることが多いように思います。それはブルーナーの言う習得のための遊び（マスタリー・プレイ）ではあるかもしれませんが、応用としての遊び（ポスト・マスタリー・プレイ）には至りません。第一章で見てきたように、遊びは形態ではなく、遊び手の遊ぶという行為によって遊びになるといった遊び手の心的態度でした。そして遊び自体、多くの教育的価値を内包していました。

ということは、**遊びの形態といった一部分にのみ目を向けるのでなく、遊びの全てを授業に融合させようとすることで、授業はもっと楽しく、もっと多様で価値ある学びが実現する**のではないでしょうか。

ある活動が子供たちにとっての遊びになれば、子供たちは自然と動き出したり考えたりする。そして次第に熱中・夢中・没頭し始める。そしてそれは、遊びになるための条件、遊びの類型という知識があれば、誰でも子供が夢中になる活動を設定できたり、声掛けができたりする可能性があります。

遊びについて深く知り、小学校現場に「遊び（Play）」を持ち込むことで、授業が楽しいものになる。のみならず、学びも深まっていく。そう考えるとワクワクしてきませんか。

早速次項から、これまで本書でまとめてきた遊びの条件や遊びの類型という視点で授業をどう創っていくか考えたり、ある活動が子供たちにとって遊びになるために、どのような教師の工夫が必要なのか探ったりしていきます。

第一章で古今東西の遊び研究を俯瞰的に考察することで、遊びで最も大事なことは遊ぶ主体の心的態度であることを確認しました。つまり、どのような活動でも遊びに「なる」可能性を秘めており、そのために、遊び手の心の状態に目を配る必要があります。

ある活動が遊びになるために、

① 遊び手が楽しいと感じる活動であること
② 遊び手が外部から強制されたたり、拘束されたりするという感じをもたないこと
③ 遊び手にとって遊ぶこと自体が目的となる連続した文脈が形成されていること

という3つの条件がありました。このように本書では、遊びは活動の形態ではなく、遊び手の認識であり、心的態度であると定義しました。そのように、ある活動が遊びに「なる」とは、子供たちが「遊んでいる」「遊ぶ」という状態にあることを指します。

さらには、競争、偶然、模擬、感覚、収集、創造といった楽しさを感じやすい形態の類型とパイディア（原初的）とルドゥス（複雑的）という軸があることも確認しました。

本書では、そういった遊びを取り入れ、子供たちが遊びながら学ぶ授業を「Play型授業」、そこで湧きおこる学習を「Play型学習（Play-Based-Learning）」と呼びます。

## 「遊ぶ」を生む①—楽しく「なる」—

Play型授業で一番大切なのは、遊びの三つの条件を授業で実現することです。そうすることで活動が子供たちにとって遊びに「なる」ことを目指します。

遊びになるために、まずは楽しく「なる」活動を考えること大切です。これまでも整理してきた①競争、②偶然、③模擬、④感覚、⑤収集、⑥創造といった六つの遊びの類型、そしてパイディア（原初）とルドゥス（複雑）という軸が役立ちます。ある活動が楽しく「なる」ために、学習活動を遊びの六つの類型を基に分類するのは納得していただけるかと思います。しかし、なぜパイディア（原初）的な遊びとルドゥス（複雑）的な遊びといった軸を含めて分析するのでしょうか。それは、活動の複雑性といった視点を盛り込むことで、活動を整理し、系統立てることができるからです。

第一章で引き合いに出したピアジェも生後から一歳半〜二歳までに見られる遊びを「感覚運動遊び」、二歳〜五・六歳までに見られる遊びを「象徴的遊び」、おおむね七歳以降に見られる遊びを「ルールのある遊び」というように発達とともに遊びも段階的にみられると説明しています。

このように、ルールや形態、活動の具体度や抽象度などといった遊びの複雑性によって遊びには発達に即した段階があると捉えることが活動の発展性や系統性を作ることにもつながります。

低学年教育ではどの教科・領域でも「遊び」という活動は意識的にも無意識的にも取り入

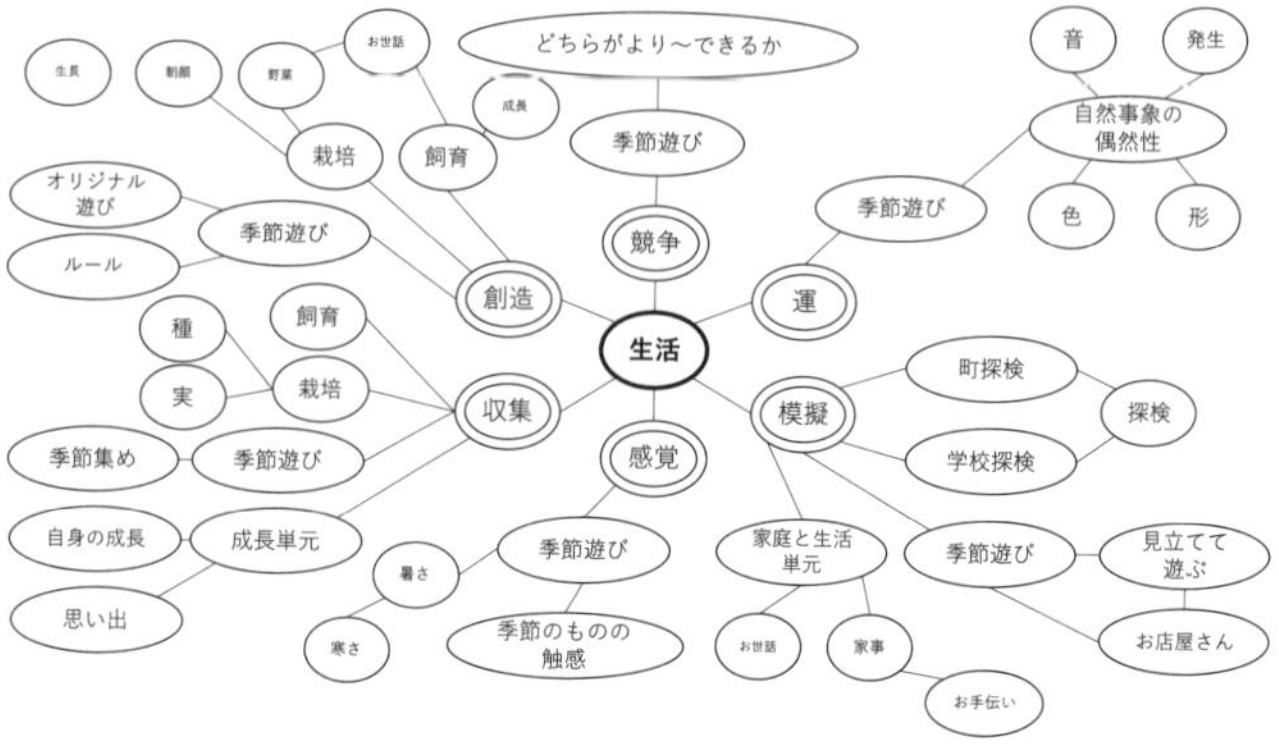


▶生活科における６つの活動類型

れられてきました。

その遊びを六つの活動の類型と一つの軸で捉え直し、どの教科でどのような遊びが取り入れられてきたか、逆に取り入れられていないか明らかにすることで、教科特性による遊びの類型の親和性や活動の新たな可能性を模索することにつながります。

上の図を見てください。例えば、低学年教育の核となる生活科では、ほとんどの活動が遊びを中心に組み立てられています。生活科では、子供たちの思いや願いの実現に向けて、学校や地域、家庭の人、動植物、自然の事物をはじめとした様々な人・もの・ことと関わり、その関わりを深めていくことを目指します。

生活科では、この関わりを深めるという言葉を多用します。その時、思い出してほしいのが第一章で示したピアジェが言うシェマによる対象への同化とシェマの調節といった考え方です。同化と調節による均衡化という構造はコンピテンシー（資質・能力）を育成することと同義だと話をしました。生活科も一緒です。様々な人・もの・ことと自分なりの関わり方をしていくことで、同化と調節を繰り返します。そうして適切な関わり方を見付ける。それが、関わりを深めていくことですし、まさにコンピテンシーを育成する本道だと考えています。そのような意味で、**生活科はまさに幼児教育とつながる教科であり、低学年教育でもPlay型授業でも核となる教科**です。

そんな生活科は教科特性上、子供たちの思いや願い、発想による活動の自由が保障されています。自由な中で見られる子供の姿は、まさに幼児期においてみられる様々な対象と遊ぶ姿と重なります。だからこそ、イラストのように様々な遊びの類型が満遍なく見られるのは、とても自然なことであり、楽しく「なる」が実現しやすい教科と言えます。

続いて国語科をみていきましょう。

低学年の国語科では、競争と偶然の要素を含む活動が少なく、創造と模擬の要素を含む活動が多くなっているのが分かります。国語では、音読劇や物語文創作といった単元を貫く大きな活動の中に自然と遊びの要素が入っていたり、物語文や言葉遊びといった教材自体に遊びの要素が色濃く出ていたりするものが多く見られます。

つまり、**国語科で楽しく「なる」ことを目指すには、どのような教材、もしくはどのような活動を設定するかが鍵になる**と言えます。国語科は「言葉」を学ぶ対象としているため多

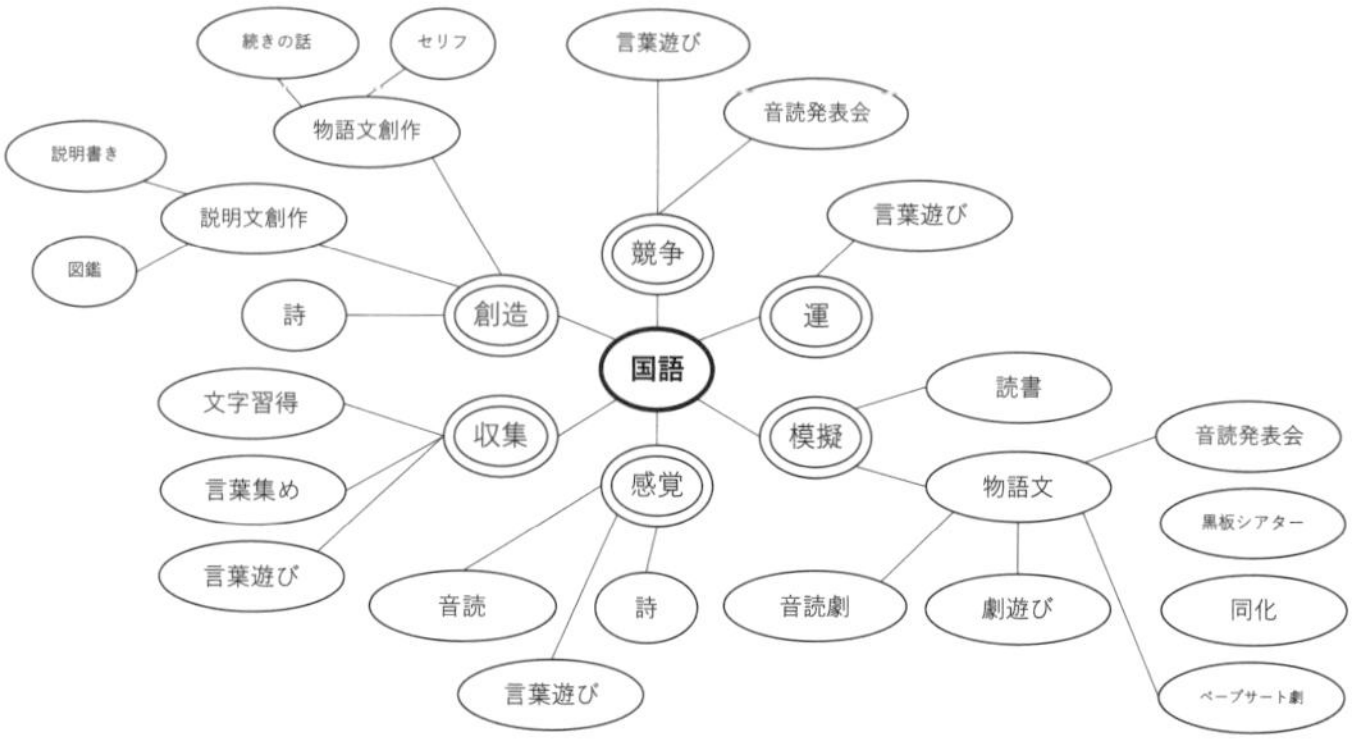


▶国語科における６つの活動類型

種多様な文種や言語材を扱います。だからこそ、物語文や言葉遊びのように教材自体に遊びの要素が内在されているのか、または教材自体には遊びの要素は含まれておらず活動によって遊びの要素を埋め込んでいく必要があるのか、見極めなければなりません。また、遊びの要素が材自体に内在している場合も、その楽しさは遊びの六要素のどれに起因しているのか理解していなければ、ミスマッチな活動を行ってしまう危険性もあります。

さらに、同じ模擬の遊びでも「劇遊び、音読劇、音読発表会」など多様な活動が想定されます。教材特性との関連によって活動を選択することも大切ですが、例えば「劇遊び＜音読劇＜音読発表会」というように活動の複雑性で系統性を考えることもできるでしょう（第四章にて後述）。

続いて算数です。算数では、模擬の要素を含む遊び

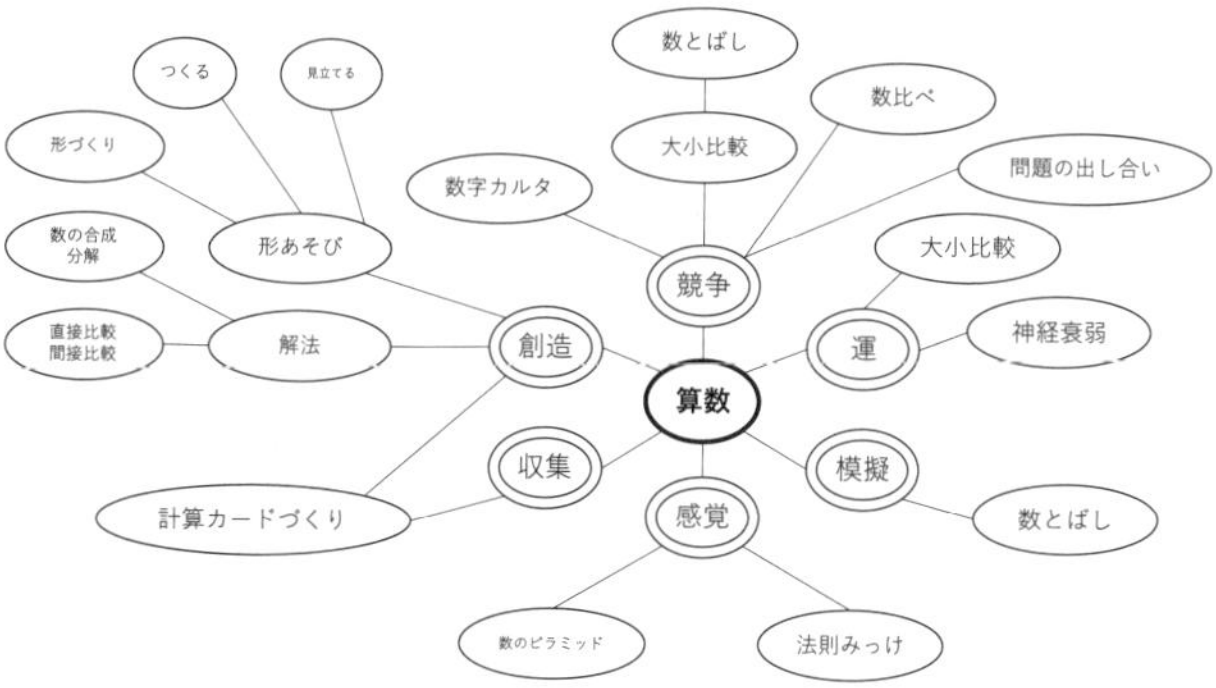


▶算数科における６つの活動類型

が少なく、それ以外の五つは満遍なく取り入れられていることが分かります。

大きな活動それ自体に遊びの要素が入っているものは少なく、入っていたとしても図形領域が主です。対して時数の大半を占める数と計算や測定、データの活用といった領域は、数の合成・分解、直接比較と間接比較などの考えを生かし解法を生み出すことに創造といった遊びの要素が偏っているように感じます。

ですが、図を見て分かるように、満遍なく遊びの要素が入っているのは、遊びの要素が意図的に取り入れられてきているからだと言えます。

それは一つには確率やギャンブルといった運の遊びと数や数字が深く結びついてきた歴史があるように、数や数字は遊びと結びつきやすい性質があることとも無縁ではないでしょう。もう一つには、算数では、低学年期の発達の段階を生かして遊びの要素を含む活動を意図的・

積極的に取り入れ、カリキュラムを作成してきたことの証左でもあると言えます。

生活科、国語科、算数科といった三つの教科について学習活動が楽しく「なる」ために遊びの類型と一つの軸といった観点でこれまでの学習活動を俯瞰的に整理してきました。その結果、低学年ではどの教科でも遊びが取り入れられてきたこと、そして、教科特性によって遊びの類型に偏りがあることが分かってきました。

三つの教科を中心に取り上げてきましたが、低学年ではこれ以外の教科でも遊びの要素が教材や活動に内在している例が多く見られます。

体育科や図画工作科、音楽科は活動がまるごとPlay、つまり遊びです。

特に低学年の体育科では、「体つくりの運動遊び」「水遊び」「ゲーム」「表現リズム遊び」などと名称にも表れているように、遊びが活動の中心です。例えば鬼遊びやボール遊びは、競争の遊びの要素があります。鬼遊びは、「鬼になりきって追いかける、鬼という怖い存在から逃げる」という意味では模擬の遊びをしているとも言えます。マットや跳び箱を使った運動遊びでは、運動の技能分析を受け、腰を高く上げる感覚を養うために、クマさん歩きをしたり、両手で体重を支える感覚を養うためにカエルの足打ちなどをしたりします。これも、動物になりきるという意味で模擬の遊びの要素を含みます。この動物や忍者といった他者に変身したり、平均台を橋に、マットと跳び箱を山に見立てたりするといった模擬の遊びは体育ではよく行われる活動や環境設定かと思います。

他にも、鉄棒やジャングルジムなどの固定器具を使った運動遊びでは、自身の平衡感覚が揺さぶられる感覚遊びの要素があります。ボールを使った運動遊びや鬼遊びでルールを改変していくのは創造の遊びの要素があることでしょう。このように体育科の教科特性として、競争といった種類の遊びを中心に様々な遊びの類型の要素を取り入れていることが分かります。

それと比べると、図画工作科や音楽科はその教科特性上、競争という遊びの要素はほとんどなく、創造と言った遊びの要素が中心になります。収集、模擬、感覚遊びも含まれつつ、これまで見てきた他の学習ではあまり見られなかった偶然の遊びの要素が活動に入ってきます。

例えば、図画工作科で紙を自由に破いてみる。破いた紙を並べてみたら恐竜みたいな形ができた！というように、できた形を何かに見立てて作品にする。もしくは様々な色を混ぜ合わせてその変化を楽しむ。このように、偶発的な要素を楽しむといった活動も随所に見られます。

このように、低学年ではどの教科においても遊びの要素を含む活動が多く見られます。そして、それらの形態は、一般的に遊びだと認知されているものばかりです。それは、低学年という発達の段階や日常経験などからそのようになっていると考えられます。

低学年教育の学習活動のほとんどに遊び要素が埋め込まれている。

それを聞いて、みなさんはどう思われたでしょうか。案外、「そうそう、そうだよ。」「分かっていたよ。」と仰る方が多いのではないかと思います。なぜなら、私たちは遊びの要素を含む活動であればあるほど、子供たちがその活動に前のめりになると知っているからです。子供たちと学びを創っていく実践者としての肌感覚、教師の勘みたいなものは侮れません。日々、子供たちとの直接接している私たちだからこそ、低学年教育における遊びの重要性をいち早く感じ取っているのだと思います。

以上のことから、やはり遊びは低学年教育において無くてはならないものなのだと感じます。しかし、気を付けなければいけないこともあります。それは、遊びを活動の形態としてのみ扱うことです。「遊び」と「遊ぶ」を分けて考えることが大切です。

様々な教科で実践されてきた**遊びの要素を含む活動それ自体は、「遊び」という活動形態**

**であって、その活動を行う子供の心的態度ではない**ということです。だからこそ、その活動を行っていても遊ぶ状態になる子もいれば、遊ぶ状態になれない子もいるのです。

教師が「遊び」という活動形態にだけに目を向け、子供たちの「遊ぶ」という心的態度を蔑ろにするのであれば、それは内容を通り一辺倒に教え込むような授業と何一つ変わりはありません。

遊びの類型を基にしながら、ある活動に遊びの要素を取り入れることは、楽しく「なる」ための一つの重要な手立てです。そして、楽しいこと自体は授業に遊びを取り入れる上で大切にすべきことで、最も目を引くフレーズであることも確かです。ですが、それはあくまで手立ての一つであって、本書で定義した遊びになるための条件の一つでしかありません。

だからこそ、子供たちの「遊ぶ」という心的状態に目を向けて考えるためにも、①「楽しさ」だけでなく、②「非強制感」、③「属文脈性」といった2つの条件とセットで考える必要があります。そこで、続いて、強制感を感じにくく「なる」ための工夫について考えていきます。

## 「遊ぶ」を生む②——強制感を感じにくく「なる」——

遊びになるための二つ目の条件として強制感を感じにくく「なる」ことを挙げました。これは、カイヨワやホイジンガの言う自由な活動といった遊びの定義とも重なってきます。

このように言うと、

「自由と強制感の感じにくさとでは根本的な意味が違うのではないか。」

「学校教育で完璧な自由などありえない。だって遊びは辞められるけれど、授業は『一抜けた』という訳には行かない。だから遊びは実現しない。」

といった声が聞こえてきそうです。しかし、こと子供の遊びにおいては、完璧な自由などないと私は考えています。それは、公園の砂場にしろ、園庭にしろ、誰かしら大人の目があるところ（強制感を感じる条件）でも子供たちは十分遊ぶことができるからです。遊びの自由性について山田（1971）は次のように述べています。

「自由な遊び」のみが「遊び」であって、保育者や教育者や親が多少なりともコントロールした遊びは「遊び」ではないという考え方…（中略）…そういう考え方には問題があろう。…（中略）…子どもたちがあたかも純粋に自由に遊んでいるように思っていても、実は母親の支配権から出て、全く自由にどこへでも行きたいところにとんでいき、好きなようにしているわけではないのである。…（中略）…常に親が先まわりをし、ミルクを与えたり行動に対して指示を与えたりして、いろいろなわくを与えてきたわけである。（18、19頁）

つまり、**完璧に自由な状況でなくても、強制感を感じにくくする状況をつくることができたら、子供たちは遊ぶことができる**のです。それどころか特に幼児期ぐらいまではそれが自然なことなのです。

また、遊びは複雑化するにあたってゲーム化し、規則性が伴います。これは一見自由性と相反します。ですが、成長するにつれてボールをけり合うよりサッカーに夢中になるように、規則があっても遊ぶ姿がそこにはあります。むしろ規則があるからこそ、熱中していくこともあります。だからこそ、大事なのは完璧な自由ではなく、強制感をもたないという意味での自由であり、納得感だと私は考えています。

そして、子供たちが強制感を感じにくくするための鍵の一つに先ほどの「楽しい活動であること」が挙げられます。楽しければ自らその活動を始めるし、のめり込んでいきますから。

そのように、**強制感を感じにくくするために大事なのは「自ら活動に向かうことである」と考えたとき「自己選択」、「自己決定」の場を設けることがもう一つの鍵**となります。

では、授業で自己選択や自己決定の場を設けるとはどのようなことなのでしょうか。

例えば、体育で鬼遊びをするとき教師が「鬼をしたい人?」と聞きます。そして、鬼になりたい子が手を挙げる。簡単なことですが、これが自己選択・自己決定です。このとき子供たちに、鬼になるか、逃げるかといった二つの選択肢が提示されています。その中から自分で選んだのです。そこには自分で選んだ・決めたという主体的な行為があり、ゆえに強制感を感じさせにくいというわけです。と同時に、自己選択や自己決定は遊びの世界に入るスイッチの役割を果たしています。

これが、「鬼はあなたとあなたね。」と一方的に教師に言われたとき、逃げたいなと思っていた子にとっては、嫌なことを強いられ、強制感を強く感じるわけです。もちろん、それでも子供は素直なので教師に言われたように鬼役を務めます。ただ、自分で選んだ逃げる役の方がずっと楽しいことでしょう。

音楽科でいう音作りの学習、もしくは合奏をするときに好きなパートや使ってみたい楽器を選ぶことも自己選択・自己決定です。他にも生活科では、栽培したい野菜を選ぶこと、ド

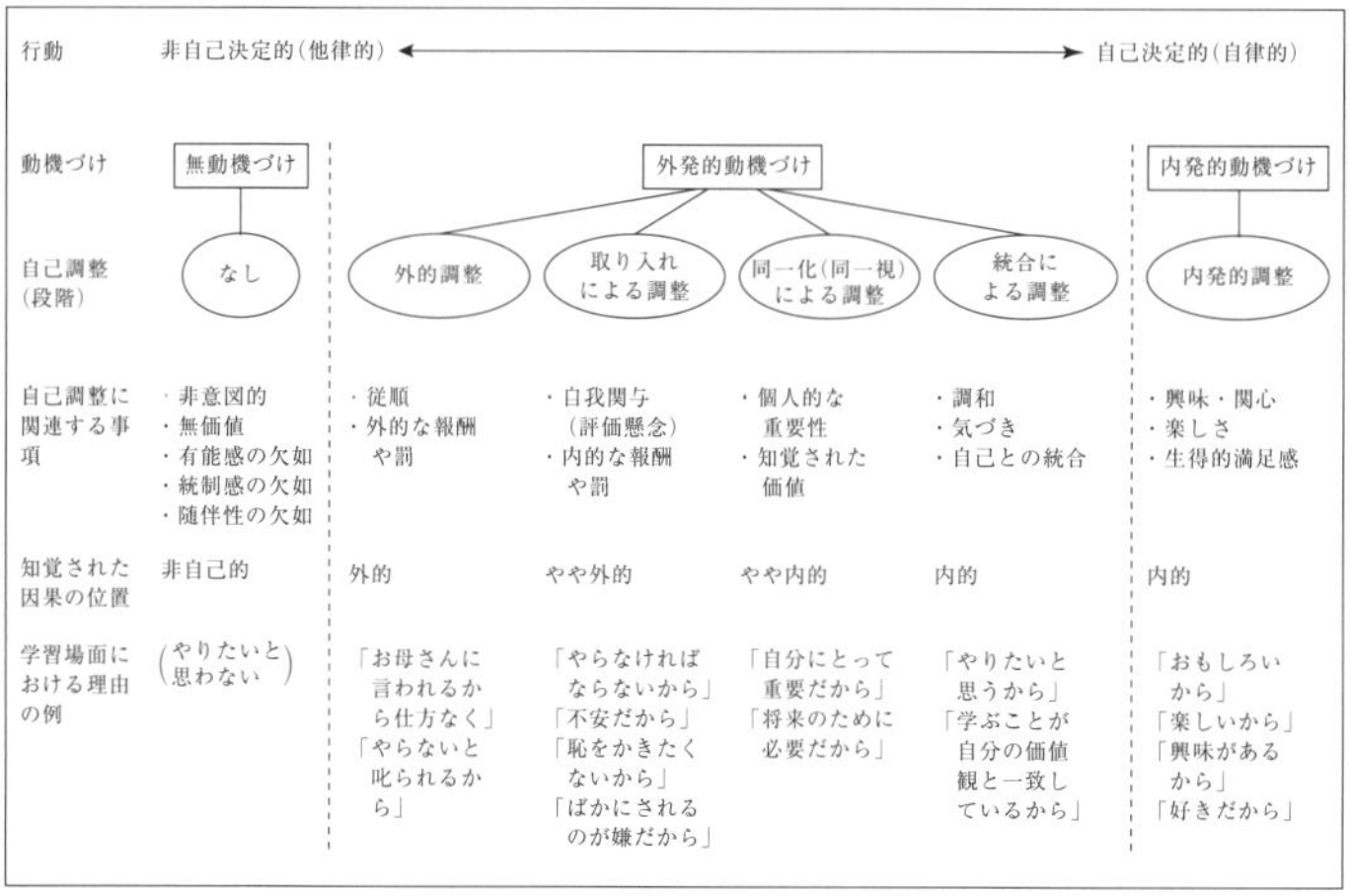


**▶動機づけのタイプ、自己調整のタイプを中心にした自己決定連続体のモデル**
**桜井（2009）より**

ングリや秋の葉といった素材を使って何遊びをするか決めることなど、ほとんどが自己選択・自己決定です。図画工作科も生活科と同様に自己選択・自己決定の機会がとても多い教科です。

そもそも自己決定がもたらす自発的行動への意欲の向上（動機づけ）については、既にエドワード・デシとリチャード・ライアンが自己決定理論として提唱しています。報酬などによる外部からの刺激をもとにした外発的動機づけと好奇心などの内的な欲求をもとにした内発的動機づけは連続したものであり、行動に対する自己決定の高さによって動機づけが無い状態から外発的動機づけを経て内発的動機づけへと段階的に変化すると言うのです。そして、**自己決定の度合いが高い方が内発的動機づけを誘発し、行**

**動に対する楽しさと満足感を生み、結果として学習効果やパフォーマンスによい影響を与え る**ことを明らかにしました。

さらに鹿毛（2007）は、学習意欲が育つ環境について、先ほどの自己決定理論に基づいたSkinner & Edgeの意欲の発達モデルを援用しながら次のように説明しています。

> この理論では、人が三つの基本的な心理的欲求をもっていることを仮定している。すなわち他者と関わりたいという「関係性」への欲求、環境と効果的に関わりたいという「有能さ（コンピテンス）」への欲求、他者から操られるのでなく、自分の意思に基づいて行為したいという「自律性」への欲求の三つである。…（中略）…（それら三つの欲求が満たされた）結果、課題に従事したり問題に対処したりする積極的な行為が生じ、ひいては社会的、認知的、人格的な発達が促されるというのである。（30頁）

鹿毛の言うこの自律性の欲求が満たされるためには、まさにその子の意思を尊重できるように自己選択や自己決定できる機会を設定することが有効だと考えられます。そして、結果として子供たちのやりたいという意欲が喚起され、主体性が育まれていきます。実際鹿毛も「『自分で決めた』という感覚がやる気をささえるのだといえよう（43頁）」と述べています。

さらには、令和の日本型学校教育の柱の一つである「個別最適な学び」という観点からもこの自己選択や自己決定の機会はとても重要になります。**個別最適な学びは、指導の個別化と学習の個性化という二つからなり、子供たちが自己調整しながら学習をすすめられるような指導の在り方を重要視**します。学習の個性化では、「教師が子供一人一人に応じた学習活動や学習課題に取り組む機会を提供することで、子供自身が学習が最適となるように調整する（文部科学省、2021、7頁）」とあります。と、まさに自己選択・自己決定の機会を積極的に設定すべきであることを言及しています。

これらのことからも、自己選択や自己決定の機会を保障することはある活動が遊びになる上で大事なだけでなく、学びに向かう力を涵養する上で大事であるというわけです。

しかし、授業において子供たちが学びを自己選択・自己決定できる機会はあまり多くありません。先ほどの例で挙げたように低学年の場合、生活科、図画工作科、音楽科の授業は、自己選択・自己決定の機会や場が比較的多く設定されています。しかし、国語科や算数科はどうでしょうか。教師から学習課題が提示され、決まった方法でその課題を解決する。そんな授業が多い気がします。

その理由の一つが教科特性によるものではないかと私は考えています。生活科であれば身近な人・もの・こととの関わり、図画工作科であれば色や形をどう意味づけ表現するかというように、子供たちの内側で構築される学びを大切にします。それに対して、国語科や算数科は、学ぶべき大事なことが既に子供の外側で構築されており、その学びを追体験したり注入したりするといった内容中心の教育による考え方の影響が未だ根強いように感じます。もちろん、これまでのそういった人類文化史的に優れた内容を教育と言う場で扱うことに異論はありません。しかし、**大切なのはそういった優れた内容と出会い、関わり合う中で、子供の内側にどのような意味や概念が生まれ、構築されていくか**です。そして、それは教科の具体的内容を学ぶことでより汎用的応用が利くような資質・能力を育むという今求められる学力観とも合致します。

だからこそ、どの教科の授業においても自己選択・自己決定の場を積極的に設けるべきだと考えます。そして、それは強制感を感じにくく「なる」ことにつながり、遊びの二つ目の条件を満たします。

では、続いて授業においてどのような自己選択・自己決定の機会が作れるか考えてみたいと思います。

自己選択・自己決定といった時に、

・**教材の自由**（何で学ぶか、何を学ぶか）
・**学習方法の自由**（誰と、どこで、どうやって学ぶか）
・**学習量の自由**（どれくらい学ぶか）

といったことが挙げられます。それぞれの観点を意識して個別に取り入れることもできますし、複数を組み合わせて単元内に組み入れることもできます。

**(1)ワンポイント型にする**（個別に取り入れる）

三つの観点の内、どれかを取り入れる方法です。

例えば、生活科でおもちゃ作りをする際に動力がゴムのもの、風のもの、磁石のものとあると思います。子供たちが自ら作りたいおもちゃを選んで、学習を進められるようにすると、「教材の自由」が保障されます。育てたい植物や野菜を選ぶのも同じことが言えます。音楽科では合奏の際に好きな楽器を選ぶこと、図画工作科では好きな素材や色を選ぶことも同じでしょう。国語科でいうと劇遊びや音読劇の際に演じたい役を選ぶことも何を学ぶか自分で選択できる一例だと言えます。

「学習方法の自由（どう学ぶか）」とは、学ぶ方法の自由化です。本で調べるか、タブレットで調べるか、インタビューするかといった手段の自由。一人で取り組むか、友達と取り組むかという人数の自由。どこで学ぶか場所の自由など様々考えられます。例えば一年生で行う植物栽培。一律に朝顔を選択する学校が多いことでしょう。朝顔の教材的価値、二学年にまたがる内容の系統性といった面から朝顔といった教材について自己選択の機会がないことは納得します。ですが、一律で「観察カード」を描くことには異議を唱えたいと思います。

朝顔栽培のねらいは、継続的にお世話を続けることで自分と植物との関わりが深くなり、適切に関わることができるようなることです。目的もなく観察カードを描くというお世話はねらいを達成するための手段として適切でしょうか。そもそもお世話なのでしょうか。例えば自分が行ってみたいお世話をするというように、学習方法を自己選択できるようにする。そうすると、「僕たちは朝顔さんのパパママだから……」と両親にしてもらって嬉しいお世話を始めるでしょう。ある子はお散歩するかもしれませんし、別のある子はずっとお話をしてあげるかもしれません。病気やケガがないかじっくり見る子も出始めるでしょう。そうして関わるうちに、「先生、ぼくたちにとっては、お散歩は嬉しいけれど、きっと朝顔さんはお散歩より日向にいるほうが嬉しいから太陽がいっぱい当たるところに連れていく！」なんて言いだします。教師がわざととぼけて「なんで？」と聞くと、目を輝かせて「先生ね、私が見付けたんだけどね、ぼくたちは人間でしょ。朝顔は人間じゃないから、似ているところもあるけれど、違うところもあるの。」ときっと言うはずです。というか、実践をしていてそんな場面を何度も経験してきました。

この子たちはつまり、朝顔のことを考えて自分で工夫してお世話したことで朝顔との適切な関わり方を発見し、朝顔との関わりを深め、愛着を形成していったと言えます。

この学習方法の自己選択・自己決定は、狭い意味合いでは意識しないだけでほぼ全ての教科で行われています。問題が提示され、自力解決する手順そのものが、どういうアプローチで問題を解くかといった学習方法を自己選択していることになるからです。


自己選択・自己決定の場を作るとは言葉通り、選択・決定できる機会や場を新たに設けることを意識しがちですが、あえて選択肢を与え焦点化することも大切です。自由に考えてごらんと言われても、自分の中に解法の選択肢がない場合、戸惑うばかりです。

算数で「AとBの容器に入れた水だとどちらの方が多いか。」という問題があったとします。自力解決の前に見通す段階でどんな方法が使えそうか聞いてみます。長さや広さの学習と関連付けて、「片方を空っぽにしてもう片方の水を入れてみる。」と直接比較の方法や、「それぞれコップに入れて比べてみる。」と間接比較の方法が出てくるでしょう。それらを○○作戦と名前を付けてどの作戦で試すか選ぶ。これも自己選択・自己決定です。

大事なのは、学習方法を選択したり決定したりする機会を保障し、広がりをつくること、そしてそれと同時に選択肢をはっきり明示し、焦点化することだと言えます。

最後に学習量の調整です。時間と量という二つ視点を示しました。時間と量の自己選択・自己決定とは、どこまで自分がこだわって取り組むか時間や量を調整し選べるようにすることです。課題を細分化することで、学習量における自己選択・自己決定を保障できるようになります。

一般的な授業では、「この問題に対する自分の考えを書きましょう。時間は五分です。ではじめましょう。」と一つの課題に対して、皆同じだけの時間が与えられます。でも、一人一人学習速度はバラバラですから、五分後に全員がピッタリ課題を終えていることはまずありません。早く終わってしまった子もいれば、まだまだ時間が必要な子もいることでしょう。これは課題が一つしかないからです。そして私たち教師はその一つの課題に対して、質的にも量的にも高い水準を求めがちです。だから細分化するのです。実は意識していないだけで多くの教師は「追加の指示」という形で課題を細分化しています。

例えば、たし算の問題作りの授業。「たしざんの問題を作りましょう。」という課題に対して、時間内に終わった子がいた場合、「時間の中でもっと問題を作れるかな。」と量に挑むという追加の課題を与えたり、「『あわせる（合併）』型の問題ができたんだね。次は、『ふえる（増加）』型の問題を作ってみて。」と質を高めるような追加の課題を与えたりしないでしょうか。

これを事前に示してみたらどうでしょうか。「レベル1は問題を一つ作る、レベル2は問題を二問作る」のように量を細分化してみたり、「レベル1はあわせる型の問題、レベル2はふえる型の問題」のように質を細分化してみたりする。どんどんレベルアップしていくために問題を作る子もいれば、一つの問題にじっくり取り組みたい子もいるでしょう。どちらにしろ、レベル1をクリアすればその授業のねらいは達成されたことになります。だからこそ、量をどのくらい取り組むか、子供たちに委ねることができます。

このように、一つの課題に量と質を求めるのでなく、もっと細分化して子供たちに提示することで学習量を自己選択・自己決定できる余裕が生まれます。そして、それは子供たちに課題を達成することができたという達成感をもたらします。

それ以外にも、⑵で述べる自由進度学習のように単元という大きな単位で子供の自己選択・自己決定の機会を保障することで、時間の量も自己選択・自己決定ができる場合もあります。

### ⑵ステージ（チェックポイント）型にする

単元の学習の中に複数のステージ（チェックポイント）を設けて、限られた時間で全てのステージ（チェックポイント）に取り組むことを条件とした型です。その条件さえ満たせば、どんな道順で言っても、一つのステージ（チェックポイント）に長居しても構いません。

これは個別最適な学びの一例として提示されている単元内自由進度学習と呼ばれる愛知県東浦町立緒川小学校が長年取り組んできた学習方法とも重なります。単元内自由進度学習について奈須（2020）は、次のように説明しています。

学習の開始に際し、教師は単元のねらい、時数、標準的な学習の流れ、利用可能な学習材（学習カードの他、各種メディアを含む）や学習機会（実験、観察、調査、ものづくりなどを含む）を記した「学習の手引き」と呼ばれるカードを子どもたちに与える。子どもたちは「学習の手引き」によって教師からの要求と指示を理解し、与えられた十間程度の時間で、それらを満たしつつ自分の興味や学習スタイルに応じた学習をいかに進めるかを考え、学習計画を立てる。単元内自由進度学習であるから、学習の進行については基本的に子どもたちに委ねるが、確実に学習が進められるよう、途中2ヶ所ほどのチェックポイントを設けてあり、そこでは教師が十分な指導的役割を果たす。（4頁）

この単元内自由進度学習は複数教科同時進行を基本とし、ガイダンスの役割を果たす学びの手引きに書かれたことを達成しさえすれば、学習時間や学習順序を学習者自身で決めることができるといった特徴があります。ここからも教材（を取り組む順番）の自由、学習量の自由が組み合わさっていることが分かります。

### (3)オープンワールド型にする

NINTENDO64（任天堂）やプレイステーション（ソニー・インタラクティブエンタテインメント）には私自身、大変お世話になりました。特に私が好んでプレイしたのがドラゴンクエスト（スクウェア・エニックス）や二ノ国（レベルファイブ）といったRPGでした。

最近のゲーム事情はさらに進化していて、インターネットを経由して全世界がつながっており、好きなワールド、町、人と出会いストーリーさえも自分で構築するオープンワールド型のゲームまで出ているというから驚きです。

授業でも、より自由に教科特有の材という世界に没入し、その世界で果て無く遊んだり学んだりすることはできないのでしょうか。国語であれば物語文だけ、生活科であれば秋の公園だけというように、提示するのは一つの世界観だけ。その世界で自由に遊べるオープンワールド型の授業にし、教材も学習方法も学習量も子供たちが自己選択・自己決定できるようにする。一つの型として全ての活動を自己選択・自己決定する、そんなことも考えられます。

自己選択・自己決定の場や機会をつくるということは、子供たちに一定の自由を手渡すことです。**自己選択・自己決定の機会が多ければ多いほど、自由も増え、遊べる余地が増えていきます。結果として、そこからはたくさんの遊びが生まれていきます。**

話は変わりますが、車のハンドルには必ず遊びがあることを知っていますか。ハンドルの遊びとは、ハンドルを左右に軽く回した時、タイヤが動き出すまでの余白の部分のことで、この遊びがないと、かえって運転しにくくなるそうです。

でも、逆にF1のようなレーシングカーはハンドルに遊びがないと言います。それは、決まった道のりを最速で走り抜くには、操作が一瞬でタイヤに伝わるような仕組みが必要だからです。一般自動車の遊びのあるハンドル、レーシングカーの遊びのないハンドル。目的が異なるからこその機能の違い。私たちが授業で求める子供たちの学びの姿はどちらに近いでしょうか。

自己選択・自己決定の機会を設け、自由を増やすことは、失敗や同じことを繰り返すリスクを孕んでいます。でも、それも含めて学びだと私は考えます。人が何かを学ぶといったとき、失敗もせず立ち止まることもなく、成功に向かって一直線に向かえることはほとんどありません。むしろ、悩み失敗しながら三歩すすんで二歩下がるというように成功に向かっていくのが自然な道のりではないでしょうか。一直線に高速で進んでいくような学びの在り方は、効率重視の教育が生んだ不自然な学び方であるように私の目には映ります。**自己選択・自己決定の機会を増やすことによって生まれた自由。こうして生まれ自由は遊ぶ余白（遊隙）を生み出します。そうした遊びは失敗できる余地を生み、工夫できる余地を生みます。**

そうした**自然で本来的な学びを積み重ねるからこそ、生涯にわたって活用できる自分なりの学び方を獲得できる**のだと私は考えています。

## 「遊ぶ」を生む③―文脈に「なる」―

ある活動が遊びの何らかの遊びの要素を含むことで楽しく「なる」。そして、活動の中に自己選択・自己決定の機会があることで、自由を手に入れ強制感を感じにくく「なる」。

そうすることで、そういった繰り返しの先に待っているのは、子供たちの中に遊ぶ文脈が形成されるということです。ここでは文脈に「なる」と表現します。

文脈に「なる」とは、自己選択や自己決定を繰り返すことで、遊びの要素を含むある活動に没頭し、その活動を行うこと（＝遊ぶこと）自体が目的となったり、遊びが積み重なり遊び（学び）がストーリー化していったりすることです。

くるくる回り続けるのが楽しい、ひたすら追いかけ合うのが楽しいといったパイディア（原初）的な遊びでも確かに楽しさを感じるでしょう。しかし、幼児期を経て低学年期で想定する遊びはそういったパイディア的な遊びから複雑化されたルドゥス的な遊びへと発展するのが自然なことだと感じます。そういった複雑化された遊びほど、よりたくさんのことを学ぶことができます。

イラストを見てください。砂場で遊ぶ子供たちの様子です。ここでいうパイディア（原初）的な遊びとは、Aのイラストのような姿です。土の粒の細やかさや冷たさを感じて、感覚的に楽しんでいます。

きっと、土と言う材に対して気持ちよい、冷たい、サラサラなどといった気付きがあるでしょう。

一方のBがルドゥス（複雑）的な遊びです。砂に触るだけでなく、砂をお団子に見立ててお団子づくりをしています。そして、お団子がたくさんできたものだから、友達にプレゼントしている内にお団子屋さん遊びに発展しています。お客も増え、協力者を募ってお団子をつくったり、売り子役と作り手役が分かれたりしています。

きっとそこでは、様々なお団子を作ることで見立てるという思考が働いていますし、友達とお店を開くことで協調性やコミュニケーションスキルも磨かれていることでしょう。また、たくさんのお団子を作ることで数量感覚も養われていると考えられます。

このように、遊びが複雑化され、より多くの要因が絡むことで、学びの幅は広がります。また、遊びのストーリーが形作られるとは、ただ何となくお団子を作っていたのが、多くの子の求めで、たくさんお団子を作りたいと願い、さらにはお団子を商品としたお店を開きたいというように、子供たちの思いや願いが連続的に立ち上がった結果、活動が連なっていくことを意味します。この一連の流れの中では、まさに遊ぶ（活動する）こと自体が目的となっています。そうした経験はまさに自身で学びを創り上げ、学び方を学んでいる姿と捉えることもできます。

第一章で見てきたようにそもそも学習とは、パッケージ化された知識や技能を脳と言う入れ物に入れるのでなく、具体的な文脈で実際に自分が経験することによって、知識と状況が結びつきながら自ら構築していく過程であるという考え方がありました。構成主義あるいは社会的構成主義と呼ばれ、前者はピアジェ、後者はヴィゴツキーが代表的な人物として挙げられます。文脈に「なる」ことを説明するために、ここでは社会構成主義に属するジーン・レイヴとエティエンヌ・ウェンガーの状況論についてみていきます。

レイブ&ウェンガー（1993）は学習状況論を説き、学習は「状況に埋め込まれている」とし、学習における「正統的周辺参加」を提唱しました。それまでは、「教える者―教えられる者」という二者間で知識や技能が教授されることが学習であると考えられてきました。それに対して、徒弟制（いわゆる職人の世界の親方―見習いといった人間関係）では、見様見真似で直接仕事に参加しながら、その仕事に応じた行動様式を身に付けていると分析し、「共同体の一員として、最初は周辺的な位置から参加して、次第に中心に向かっていくこと」を学習の本質であると捉えました。それは、学習理論の大きな転換を図るものでした。

文脈になるとは、まさにある知識が具体的に使われる状況や必然性が生まれた状況であること、もしくはそういった必然性のある具体的な状況の中で知識が獲得されること（＝学ぶこと）だと言えます。

さらに、視座を高くし俯瞰的に考えてみます。レイブ&ウェンガー自体は職人の徒弟制度をもとに学習の構造を明らかにしていますが、この「学習」＝「参加」という構造は遊びにも当てはまります。第一章で見てきたように、模擬遊び（ふり遊び）に代表されるように子供の遊びは、まるで大人の社会生活の模倣であるような形態を多くとりました。準備（練習）説の考え方です。**子供の遊びそのものが社会的実践という「正統性」の「周辺」で行われており、楽しさゆえにその営みに「参加する」という一面がある**のです。ゆえに、遊びに参加することで周辺的な位置から次第に社会的実践という中心に向かっていく。広くそのような意味でも、遊びはまさに学習することであると私は考えています。

また、これは現代的な学習理論とも重なりを見せます。近年、石井（2020）、奈須（2017）、小野（2022）などが指摘するようにコンピテンシーを育むための一つのキーフレーズとして**「オーセンティックな学び（真正の学び）」**という言葉が挙がっています。そのもとをたどると、G・ウィギンズやフレッド・ニューマン、R・J・マルザーノらに行き着きます。その中でもウィギンズは、「オーセンティックな評価」という言葉を用い、それは「大人が仕事場や市民生活、個人的な生活の場で試されている、その文脈を模写すること」（田中、2010、34頁）と説明します。これまで見てきたように、遊ぶ上で大人の社会生活を真似するといった文脈の模写は往々にして起こります。コンピテンシーを育むピースとなるオーセンティックな学び。遊ぶことはまさにオーセンティックな学びを生む可能性が非常に高いと言えるのではないでしょうか。

他にも、文脈になることで遊びについてまわる、「飽き」を感じにくくさせます。

子供が遊びを辞めるのは、その活動が楽しくないときと楽しくなくなったとき、つまり「飽きた」ときです。この飽きは、同じ活動が繰り返されたときに起こりやすくなります。遊びが形を変える、新たな要素が加わる、新たな人的・環境的な変化が起こるなど、流動的に変化しながら文脈が形作られることによって、飽きを感じにくくなり、楽しく遊び込むことができます。

そのように、遊びになるために大切な文脈づくり。遊ぶ文脈になるために私が大切にしているのは、**「単元を貫く問題（課題）の設定」**と**「ストーリーを多様に思い描くこと」**、そして**「学びを紡ぐ振り返りの設定」**です。

ストーリーというからには一冊の本のように物語があるはずです。単元の中で、自分たちで考え、選び、試行錯誤しながら学ぶ必然性と確かな目的をもって学びが途切れることなく連続しながらすすんでいく、そんなイメージです。子供たちの具体的な姿で言うと、「昨日はこれやったらから、今日はこれをやりたい。そして、今日はこれがここまでできたから次はこれをやるの。」と説明できるということです。もちろんその際、子供たちがその活動を行うはドキドキワクワクする楽しい活動であるからです。

ですが、「今日はこれやります。明日はこれやります。」と、教師が一方的に課題を与えてもストーリーにはなっていきません。子供たちにとってはつながっていませんから。それはまるで途中のページが抜けた本のようであるかもしれません。

だからこそ、学びが連続するために、ある活動や小単元のまとまりの終盤に子供たちの「これをやりたい！やらなければ！」という思いや願いが生まれてくる必要があります。そのために、私が大事にしているのが「学びを紡ぐ振り返りの設定」です。

振り返りを行うことで、活動や体験から学んだことを整理したり、設定した目標や方法などの学びの道筋を再検討したり、学びの成果や自分自身を見つめ直したりできます。つまり、一概に振り返りと言っても様々な役割や効果があるのです。私が言う「学びを紡ぐ振り返り」とは、学習問題の達成に向けて取り組んだその時間の活動を振り返り、学んだことを整理することで、次にやるべきことや、やりたいことが生まれてくる、そんな振り返りです。振り返って、新たな思いや願いが生まれ、次の学習に向かうために振り返りを活用しています。

ですが、一時間一時間決められた課題があり、順番に提示していくと、そこには子供たちが選ぶ自由などなく、やりたいことが生まれても、それに取り組む余白がなくなります。与えられた課題である以上、そこに連続した学びのストーリーは立ち現れにくくなります。そうすると当然、振り返りに次に取り組みたいこと書く必然性も失われます。

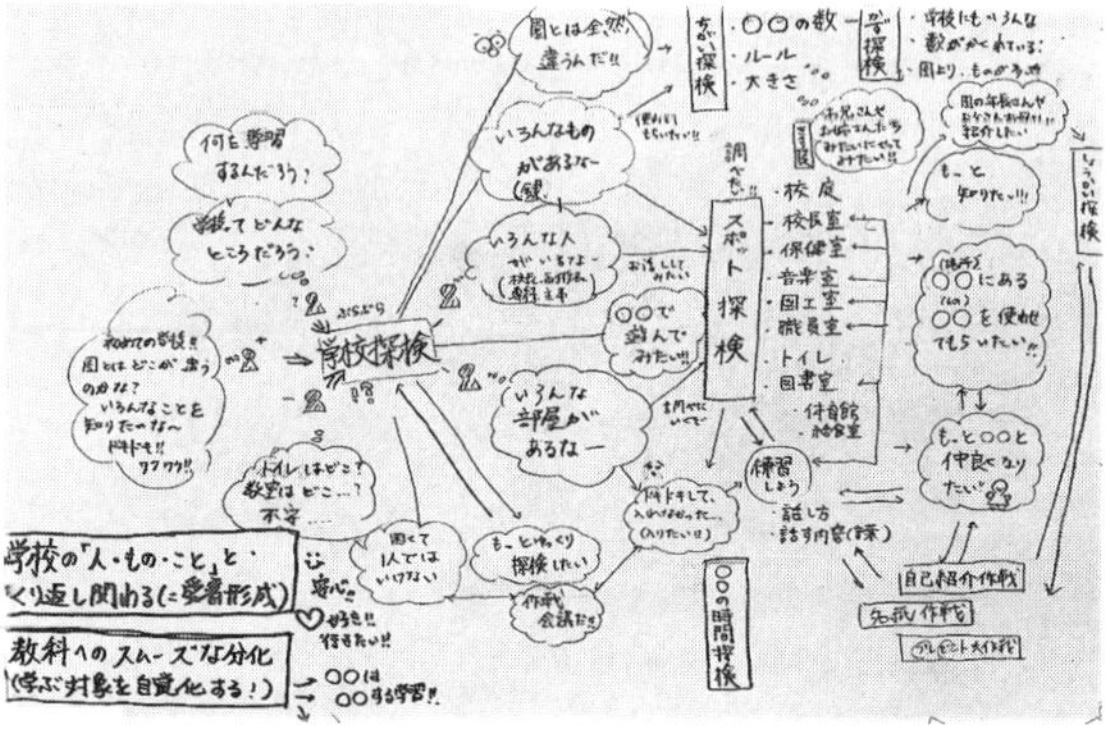

▶「生活科」学校探検のストーリーマップ

だからこそ、単元を構想する時に多様なアプローチができるような「単元を貫く問題（課題）の設定」をし、「ストーリーを多様に思い描く」ようにします。

例えば生活科の夏遊び単元。夏という季節を振り返ることで「夏は汗たっぷり、暑い」ということに気付いたとします。そうすると、子供たちはこの暑い夏と言う季節をどう楽しく過ごすか考え出し、「涼しくなる水遊びがしたい」「夏には、砂場で水を使って遊んだよ」、だから「夏だからこその遊びをしたい」という思いや願いが立ち上がってくるはずです。これが単元を貫く大きな問題です。そしてその問題の解決に向けて、それぞれが様々な遊びや取り組みを考えて、行っていきます。算数のような系統立てられた教材単元であっても、先述したようなステージ型の選択制課題にすることで、子供たちは次に取り組みたいことを振り返りに書く必然性が生まれ、ストーリーを構築することができます。

このようにストーリーを具体的に思い描くために、私は分岐型のストーリマップのようなものを作成しています。前ページの写真は、学校探検単元のストーリーマップです。探検といっても子供たちが何に着目し、どんな思いや願いを抱くか次第で多種多様な探検が考えられます。「まずこの探検をしたら、子供たちはきっと◯◯に目が行くのではないか。だから次はこの探検をしたいと願うかも。」と、子供たち視点で、気付きや思いや願いと共に、その多種多様な探検の種類やルートを幾重にも思い描いていきます。ルートは一方向でなく、行きつ戻りつすることも想定します。そうすることで、ストーリーを形作ろうとする子供たちの言動をすくい上げ、次へとつなぐことができるようになります。

この際に、ストーリーが具体化すればするほど、自然と様々な教科、領域の学びが関連付いていきます。一教科での学びに閉じるのでなく、生活科を中心としながら教科横断的に単元を構成することで、子供たちの学びはより豊かにダイナミックになっていきます。過去には、生活科の野菜の栽培単元で、収穫した野菜を食べるために野菜パーティーを開く学習を行いました。その際に、料理の手順とメモを国語科の学習と関連付け、分量の計算を算数科と関連付けて学習したこともありました。そして、野菜パーティーが大成功し、もっといろんな人を招きたいと願った子供たち。そこで、続いて野菜レストランの学習を行いました。招待の手紙や電話は国語科の学習で、レストランで流す曲（野菜の歌）は音楽科の学習で選定・作成し、レストランの飾りつけは、図画工作科の学習で行いました。さらに、レストランの催しの野菜ダンスは体育の学習で行っていきました。そして、それは教師からではなく、「計算だから算数と合体させようぜ！」「ダンスは体育でやるといいんじゃない。」と子供たち自らが学びを広げつないでいきました。

その際、教師は、「絵を描くのは図画工作科っぽいから図画工作科で時間をとろう。」と安直に考えたわけではありません。「この時期に国語科の説明文で、事柄や時間的な順序に着目して考える学習を行う。算数科では……」とそれぞれの教科・領域のねらいを念頭に据え、子供たちのこれまでの育ちを加味し、これからの育ちを教師の願いとして思い描き、ストーリーを構想していきました。だからこそ、連続的かつ発展的に文脈が形作られ、子供たちの学びは深まっていきました。

このように単元のねらいに沿って緻密に計画していると、子供たちの思いや願い、主体性を尊重せず、教師の敷いたレールを走らせているように感じるかもしれません。しかし、緻密に思い描くからこそ、子供たちの学びの在り様に沿ってルート変更しても、しっかりとねらいへと迫っていくことができます。大事なのは、**子供たちのどんな実態にも添えるほど緻密かつ多様に計画しつつ、いざ実践となったら学びの現在位置や思いや願いといった進みたい方向、そしてゴールを一体的に捉えながら柔軟に舵をとっていくこと**です。つまり、**計画は緻密に、実践は柔軟に**ということを念頭に置く必要があります。

また、遊ぶ文脈になるためには、安心して遊ぶことのできる関係であることや一緒に遊べる関係を築くことも大切です。それはこれまでいわゆる学級経営、学びの土壌として語られてきたことと重なります。人は安心できる環境だからこそ、遊ぶことができます。子供たちを見ていても、気心の知れた仲のよい友達と遊ぶ場合が多いと思います。ブルーナー（1973）も遊びは、親近感や安心感を感じる状況や緊張や危険のない雰囲気の中でしか生まれてこないことを言明しています。**豊かな学びの土壌に豊かな学級風土があるように、豊かな遊びの土壌にも安心できる学級風土がある**と言えます。

以上のように文脈になるとは、一人一人が自分の学びを創り上げる営みであると考えています。ＶＵＣＡと呼ばれる先行き不透明な時代を背景にした今日的な課題からみても、様々な物事が目まぐるしく変化するからこそ、幼少期だけでなく、一生涯に渡って、自ら学び続けることが求められます。だからこそ、自分の学びを創り上げていく経験やそういった学びのストーリーを自ら紡いでいくことは未来を生きる子供たちにとって、必要な力であり、育みたい力であると考えています。

文脈になることで、遊びはより複雑化したり発展したりしていき、より子供たちにとって自分事なり、結果としてさらに魅力的なものになります。

## 大事なのは子供が「遊ぶ」を感じているか、見取ること

楽しくなり、強制感を感じにくくなり、文脈になることで子供たちにとってある活動が遊びになっていくこと、そしてそのための具体的手法について確認してきました。

一見教師の指導性といった方法論だけ論じてきたように感じる方もいらっしゃるかもしれません。でもPlay型授業で最も大切にしたいのは子供の姿であり、教師がどう見取るかだと考えます。だって、遊びは遊び手による主体的行為ですから。

つまり、ある知識を教師が与えればいいというチョーク&トーク型の授業と異なり、ある活動が子供たちにとって遊びになることが大事だということです。遊びになるかどうかは、子供の主観に委ねられています。だからこそ、活動がある子にとっては遊びとなるけれど、

別のある子にとっては遊びにならないということが起こりえました。

活動の内容で授業の是非を考えるのでなく、活動の過程や結果、子供たちの内面にどのような反応が起こるのか、何が芽生え、育まれるのか考える。そういった意味では、小学校学習指導要領（平成二十九年告示）が目指す学力観とも重なってきます。コンテンツといった内容を子供たちに注入することを目的とした教育であれば、一斉教授型の学習方法の方が有効な一面もあるでしょう。しかし、序章で確認したように、現在求められているのは不安定で不確実、複雑で曖昧な未来に目を向け、子供たちのコンピテンシーといった資質・能力を育むことをねらいとしていました。だからこそ子供たちの内側に目を向けるべきなのです。

そういった子供たちの内側に何が起こっているのか見るときに、大事なのは「見取る」教師の技です。Play型授業では活動が多くなるため、この技がより重要になります。

授業中、ましてや遊ぶように学んでいる最中に、「今楽しい？」などと聞くことは当然できません。だからこそ、子供の表情、口調、行動、目の動き、成果物といった表に出てくる様子を総合的に見て、子供の内側を判断する必要があります。しかも、それを三十人ほど行う。結構な技量が求められます。

エリオット・W・アイスナーは、そういった子供が表現した結果生じた学習経験の価値を質的に解釈・判断する方法、いわゆる見取り方について、「教育的鑑識眼」「教育批評」という言葉で表現します。芸術作品を鑑賞するように、対象の本質に関する事実を把握・分析し、対象の特質を知ること（教育的鑑識眼）を行い、鑑識眼によってとらえた内容を言語化し他者に伝達する（教育批評）というわけです。アイスナーがいうように授業での子供の学びは量的、数値的に評価するというより、質的に捉えた方が子供たちの学びの在り様をより正確に捉えることができるのではないでしょうか。子供の学びを見取るのにも、さながら芸術作品を鑑賞するように、その対象についての情報や、表現されているものを関連付けて解釈して理解を深めたりする必要があります。

そうして見るとき大事なのが見取る観点です。私自身、元文教大学の嶋野道弘先生が言う**「長い目、広い目、基本の目」**で見取ることを大切にしています。

長い目とは、一時間ではなく単元や単元間といった長い時間の中である子の変容や成長を見取ることです。広い目とは、子供たちが書いた言語による振り返りだけでなく、子供の行動、発言、つぶやき、作品などを関連付けて総合的に見取ることです。基本の目とは、教科の目標を念頭に置き、子供たちがどの程度目標を実現しているかを示す評価基準を設定して、それを基本として子供たちの達成具合を見取ることです。

特に大事にしているのは三番目の「基本の目」です。Play 型授業では、子供たちが自由に活動します。そうして、遊びながら学びを深めることを目指します。そういった自由な活動においては、子供たちの姿が設定した目標に向かっている姿なのかを見取る「基本の目」をもつことで、適切な支援や指導ができるようになります。この基本の目という基準をもっていなければ、現に目の前に広がっている子供たちの具体的な姿が望ましい姿なのか判断できないのです。そのための基本の目です。そうして、**基本の目を軸としながら、その判断材料として、長い目で見取ったり、広い目で見取ったりする必要があります**。

私は基本の目で見取るために、目標をもとに子供たちの具体的な行動、発言、成果物を思い描くようにしています。教科の目標自体は抽象化されたものですから、子供たちの具体的な言動でどのように立ち現れてくれれば目標を達成したのか教師が想定しておく必要があります。基本の目で見ることの大切さや更なる具体例については後述します。

## 教師の指導性を教材・活動・環境に埋め込む

ある活動が子供たちにとって遊びになる Play 型授業は、子供たちにとってもとても魅力的なものです。そして遊びの六つの類型にみられるように、身体を動かしながら行う活動が多くなります。それは、低学年期の発達の段階からも考えて理に適っています。先に見てきたように、低学年期の子供たちは、手先、あるいは身体全体を動かすことで思考が促されるといった特徴があるからです。まずはやってみる。そうすることで、「これは何だろう。」「こうするとどうなるかな。」などと情動と思考が促され、試行錯誤が始まります。そうして、子供たちはその時々の環境に働きかけ、友達の反応や対象物の反応、自分自身の反応に相対しながら遊んでいきます。そうした遊びの中で、意図的あるいは偶発的に様々なことを学んでいきます。

ただ、そのように遊びを授業に取り入れようと考えたとき、ある活動が遊びになっているからと言って、何を学ぶのかを完全に偶発性に任せるだけではいけません。遊んでいるということは必ず何かしらの学びはありますが、小学校教育は教科ごとに系統化されたカリキュラムがあります。その教科、その単元、その授業でのねらいがあります。

だからこそ、その**ねらいに迫っていくように授業を創っていく**必要があります。そのねらいに向かっていかないならば、ただ遊んでいるだけの状態になってしまいます。このような授業を私は「Play だけ」の授業と呼んでいます。

私も一年生を初めて受けもったとき、この自由に遊ぶ状態に危機感というか、苦手意識をもっていました。制御できなくなりそうで恐怖に近い感情を抱いていたのです。制御できなくなることが学級崩壊だとも思っていました。

だから、枠や型を決めて徹底しました。「グー・ピタ・ピン・サッ」と唱えさせ授業が始まり、一斉に同じ活動を行う。発表するときは指名されたらハイっと返事をして立って、椅子を入れて発言させる。それ以外は発言を許さず、突発発言には毅然とした態度をとる。そういった手順を一つ一つ細かに決め、整然とした授業を目指しました。

授業の内容も「『あ』がつく言葉は何でしょう。ハイ、○○さん。よくできました。次は～」というように一問一答形式で進める。ノートが使えないから毎時間ワークシートを使ってその枠通りに進めていました。

楽しさの要素も、自己選択もない。教師から一時間ごとに課題が与えられる、そんな学びのストーリーも、なぜその活動を行うのか文脈もない。やりたいこともできない、そんな「させる」ばかりがいっぱいで「Play」がない授業。六月くらいまでそんな授業をひたすら繰り返しました。周囲の先生からは、「この時期の一年生なのに、こんなに静かにできて、すごいですね」と言われたのを覚えています。そして、その子供たちの姿や授業に満足している当時の自分がいました。

しかし、六月を過ぎて「あれ？」と思い始めました。最初は授業であんなに手を挙げていた子供たちの手がまばらになったのです。表情もどこかポカンとしている子が増えました。相変わらず、学級は静かなままで、「安藤先生のクラスは授業規律がしっかりしている」と言われていました。

でも肝心の子供たちの反応は薄くなっていきました。そうして気付いたのは、子供たちは静かにしているのでなく、ただ沈黙していただけだということです。そしてそれは、私が様々なことを強いたことが原因である。それを研究同人の先生から指摘いただき、ようやく気付けました。身体を動かすことで思考が働くといった発達の段階である一年生。さらには幼児期も身体を目一杯使いながら学んできた一年生。そういった一年生の特徴を考慮せず、つながりを絶ち切ってしまったことで、子供たちから学ぶ喜びや笑顔を奪ってしまいました。苦い思い出です。

このような経験から私は二つのことを学びました。

Play だけの授業だと活動主義の落とし穴にはまり、最悪這いまわって終わってしまう。しかし、その自由な状態が怖いからと言って、子供たちの自由を無くし、徹底的に型に嵌め込む Play がない授業を行っては、子供たちの主体性、ひいては学ぶエネルギーすら失われていくということです。

そこで私は逆に考えるようにしました。最初に恐れた一年生のワチャワチャした状態。実はその状態こそ、彼らの自然な状態であり、学ぼうとする子供たちの姿であると考えたのです。そのワチャワチャ状態をスタートであり、エネルギーが野放図に広がっているアメーバのような状態だと捉えることにしました。そして、そのアメーバをより小さな型に押しとどめようとするのでなく、エネルギーはそのまま、自然と広がりながら進むようなゆるやかな枠（方向性）を子供たちと創ればいいのだと考え方を転換したのです。もちろん進む方向の先には子供たちの育ち、つまり達成すべきねらいがあります。

遊びながら学ぶ、あるいは学びを深めていくPlay型授業を実現するために、教師の指導性の発揮の仕方を柔軟に捉える。そうして生まれた考え方が**ねらい直結型の活動・教材・環境にする**という方策でした。

Play型授業、そして「ねらい直結型の活動・教材・環境にする」の根底には教師の指導性と子供の主体性は相反するものではないという考え方があります。遊びで授業を創る際にも、いや**遊びで授業を創ろうとするからこそ教師の指導性はより求められます**。しかし、授業のねらいに迫るために教師が、直接的な指示や言葉かけを多用すればするほど、子どもたたちが自分で考える余地、自己選択・自己決定の場が少なくなり、主体性は失われていきやすくなります。

だからこそ、子供たちに直接的に働きかけることで指導性を発揮するだけでなく、間接的に働きかける教師の技も持ち合わせておく。そうすることで、子供たちの自己選択・自己決定の機会を増やしていく必要があります。

**Play型授業では教師の指導性はある活動、ある教材、ある環境に埋め込まれています。**

というか埋め込んでいくべきだと考えています。それがねらい直結型にするということです。ねらい直結型にすることで、教師に一つ一つ細かに指示されなくても、子供たちは自然とねらいに向かうことができます。その点でねらい直結型の活動・教材・環境は教師の手立てだと言えます。

例えば、低学年の国語科物語文の学習では、音読発表会に代表される音読という活動と劇という活動が多用されます。それらが複合的に組み合わさった活動として劇遊び、音読劇、ペープサート劇、ティーチャーインロールなどがあります。いずれも模擬の遊びの要素が含まれており楽しさを感じやすい活動です。

ですが、ねらいによってどの活動を行うかを教師が自覚的に選択すべきです。

低学年の場合、物語で育みたい資質・能力（思考力・表現力・判断力）として、

・「どんな場面か」「誰が何をしたのか」「誰がどのようなことを言ったのか」
・「人物の具体的な行動の様子」「その行動をした理由」

を考え、理解することが挙げられます。このようなねらいがあるときに、皆さんだったら音読発表会と劇遊びのどちらを選択しますか。

私であれば劇遊びを選択します。それは、音読発表会が音声のみで表現する活動であるのに対して、劇遊びは身体動作と少しの音声で表現する活動であるからです。

人物の具体的な様子の例示として『小学校学習指導要領（平成二十九年告示）解説　国語編』では、「何をしたのか、どのような表情・口調・様子だったのか」を挙げています。身体表現が中心である劇遊びでは、活動する中で自然とこのねらいに向かうことができます。対して音声表現中心の音読発表会ではこうはいきません。加えて「誰が何をしたのか」「誰がどのようなことを言ったのか」についても、同様のことが言えます。劇遊びを行うためには当然役割分担やセリフ決めが必要になってくるからです。

このように、劇遊びをという模擬の遊びの要素を含む大きな活動を設定することで、子供

たちは遊びながら、自然と学びを深めることができます。つまり、劇遊びを行うことで**子供の学びたいことと、教師の指導したいことがピタリと重なる**のです。

劇遊びの例は教師の指導性を活動に埋め込んだ例だと言えます。活動に教師の指導性を埋め込むメリットは教師が細かに指示をする必要がなくなることです。子供たちがその遊びの楽しさを追い求めて自由に活動しているとき、教師が口うるさく指示をしたり、ねらいに向かわせたりするために遠回りに活動を否定したりすることがあっては、子供たちの楽しさの熱はあっという間に失われてしまいます。そのように、教師が学びの道筋から子供をはみ出させないようにするといったガードマンのような役割を果たすことはあまり得策ではありません。

教師の指導性が埋め込まれた活動を行うことで、子供たちが自然とねらいに向かうならば、教師の役割は、子供の考えを整理するファシリテーターであったり、参加し共に楽しむことで遊びを促進するジェネレーターであったりでき、子供にとって一緒に考えてくれ、楽しくしてくれる味方となりえます。それは子供にとっても教師にとってもハッピーなことです。その他にも教師の指導性は学習環境や学習材（教材）などに埋め込むことができます。そのような具体的事例については、第三章をご覧ください。

また、教師の指導性を埋め込むというのは、先に挙げたジーン&レイブの学習状況論の枠組みとも類似します。正統的周辺参加における学習のカリキュラムとは、教師に与えられるものではなく、学習者がいるその場の環境であり、学習者が用いる学習材によって構成されます。そういった意味で「状況に埋め込まれた学習」なのです。そういった状況が埋め込まれる対象をジーン&レイヴは「成員・活動・人工物」という言葉で表現しています。同様にピアジェも、「教えるということは、構造が生み出される状況を創り出すことである。それは言語以外のもので同化できる構造を形成することを意味している(2015、竹内、33頁)」と教師の指導性を直接的な指導ではなく、環境に埋め込んでいくべきだと言います。

つまり、発達心理学や状況論的に見ても教師が直接的に指導するのでなく、指導性を様々な環境に埋め込んでいくことは子供たちの自然な学び方を誘発するものだと言えます。

## 学びの風呂敷を広げる

ねらい直結型にすることで、教師の指導性がある学習活動、学習環境、学習材に埋め込まれる。そうすると、その活動を行ったり、その環境に身を置いたり、その学習材を扱ったりするだけで自然とねらいに迫れる。まさに夢のような話ですが、そのようなねらい直結型の活動・環境・教材を設定するためには、教師の高い専門性（プロフェッショナリズム）と職人性（クラフトマンシップ）が求められます。

私はPlay型授業を行うために求められる教師の専門性と職人性を風呂敷に例えてお話をしています。この発想自体、ある生活科の研究会で研究同人である先生から伝え聞いた表現です。そこに自分なりの解釈を加えて「学びの風呂敷を広げる」と表現しています。

風呂敷とは子供たちが自由に活動できる範囲の例えです。そして、この風呂敷の範囲内であれば、子供たちが自由に活動していても教師が適切に関わり合い、学びを深められることを前提とします。それは裏を返すとその風呂敷の中で子供がどのような反応を示すかは教師が想定できている状態であると言えます。ですから学びの風呂敷が広ければ広いほど、子供たちの「遊びながら学ぶ」の自由度は広がっていきます。

ただ、注意したいのは風呂敷の大きさです。子供たちの自由な活動を尊重するのは素敵で素晴らしいことです。しかし、風呂敷が狭いのに子供たちに自由を手渡してしまうと、子供たちはどこまでも自由になり、容易に風呂敷（＝教師の想定）を飛び出していきます。そして、教師が自ら収束することが出来ず、学びが操縦不能になっていきます。いわゆる這いまわってしまっている状態だと言えます。

先ほどの私の失敗談は、そういったアンコントローラブルな状態を恐れ、この学びの風呂敷を広げることでなく、狭め、動き回ることを許さず、子供の自由を制限することで這いまわる状態にならないようにしたと言えます。そうすることで、確かに子供の反応は教師の想定内に収まるでしょう。しかし、子供が活動したり考えたりする自由を奪ってしまったら、結果として子供の学びへの熱は失われてしまいます。

だからこそ、考えるべきは、教師としての専門性と職人性を高め、この学びの風呂敷を思う存分広げることでしょう。そうすることで、子供たちは試行錯誤できたり、失敗できたりする機会を得られます。つまり、**風呂敷を広げることで、遊びに「なる」可能性を広げる**のです。そうした学び（遊び）方は何かを学び、分かり、できるようになるための自然なステップだと言えます。そうした遊びの中での学び方について清水（1996）は、次のように言います。

（遊びは）目的をしぼった組織的な学習と比べると、一定の成果をあげるには効率が悪い。しかしそのことは裏返すと、幅広く異なる領域のものを関連づけて学習できる利点になり、未知の事態に対応する柔軟な発想や応用力が培われる。…（中略）…遊びとして展開される非効率的な学習は、学習の仕方を学習する（学習能力を学習する）ものであり、複雑で変動する社会に適応していかねばならない人間が、高度の学習能力を獲得していく過程である（137頁）

考えてみてください。あなたが仕事で何か新しいことに挑戦する時、成功までの道のりは一直線ではないはずです。上手くいったと思ったら課題が出てきたり、分かったと思っていたことが実はよく分かっていなかったりと、三歩進んで二歩下がるように、行きつ戻りつを繰り返しながら成功に向かっていくのではないでしょうか。

そういった在り方は自然なこととは言え、清水の言うように効率が悪く時間もかかるものです。しかし、そうやって苦労したことや自分で発見したことは自分の血となり肉となり、忘れることはありません。

Playだけで終わらない、Play型授業を形作るためにねらい直結型の活動・環境・教材を設定する。その種類や幅を広げることと学びの風呂敷を広げることは同義です。

そして、この**学びの風呂敷を広げるためには、教科指導に対する深い理解と児童理解の両輪が求められます**。

イラストを見てください。生活科の秋遊びの授業の一場面です。

落ち葉の掛け合いっこをしている子もいれば、落ち葉を踏んでいる子もいます。ドングリを転がして遊んでいる子もいます。何やら石の上に秋の実や紅葉した葉を並べている子もいます。

さてこの姿の内、生活科のねらいに向かっている姿はどの子たちなのでしょうか。

『小学校学習指導要領（平成二十九年告示）解説　生活編』を見ると、秋遊びのねらいは、

・身近な自然を観察したり、季節や地域の行事に関わったりするなどの活動を通して、それらの違いや特徴を見付けることができ、自然の様子や四季の変化、季節によって生活の様子が変わることに気付くとともに、それらを取り入れ自分の生活を楽しくしようとする。（5）

・身近な自然を利用したり、身近にある物を使ったりするなどして遊ぶ活動を通して、遊びや遊びに使う物を工夫してつくることができ、その面白さや自然の不思議さに気付くとともに、みんなと楽

しみながら遊びを創り出そうとする。(6)

といった内容項目が当てはまります。

そういった観点でもう一度イラストを見てください。

そうすると、ドングリを並べる子はねらいに近付く姿であると見取ることができます。ドングリを並べる中でドングリにもいろいろな形や大きさのものが気付くことでき、それは身近な自然の違いや特徴を見付けようとしている姿だと解釈できるからです。

他にも秋の葉をかけ合ったり落ち葉に横になったりして遊ぶ子もいます。そうすることで、葉の色や触感が変わっていく不思議さや変化に気付くことができるでしょう。それは自然の事物や現象がもつ形や色に着目し、自然の面白さや不思議さに気付くことにつながります。

つまり、イラストに描かれた全ての子供の姿がねらいとする学びに向かっていることが分かります。

しかし、まだまだそれらの気付きは無自覚であって、教師が関わり合うことで自覚化を促したり、視点が焦点化するよう促したりする必要があります。例えば、ドングリを並べている子に「これはお父さんドングリでこっちは赤ちゃんドングリみたいだね。」とそれぞれを見立てて比べられるような声かけをしてみる。他にも、「あっちですごいドングリを見付けている子がいたよ！」と違う種類のドングリに目が向くような声かけをしてみる。

落ち葉に寝そべっている子に、「気持ちいいね。夏にこのベッドがあると最高だね。」と言ってみる。そうすると、「先生、知らないと思うから教えてあげるけどね、これは秋だけなの。」と言うでしょう。「え？そうなの？」と、とぼけてください。子供たちは、目を輝かせて、「秋には木の元気がなくなって葉が落ちるの。だからベッドになるくらい集まるの。夏じゃだめなの。」とか、「夏の葉っぱはね、ふかふかじゃないの。秋だからカサカサふかふかなの。」と言い出すでしょう。そうやって、自覚的に気付いていき、ねらいへと近付いていきます。もちろん活動後に振り返り、言語化する機会を設けることも大切な手立てでしょう。

このように、まずはその単元、その時間のねらいは何か、そしてそれはどのような具体的な子供の言動で立ち現れてくるのかを教師が想定できなければなりません。つまり、教科に対する深い理解がなければ、子供の反応がどのように学びに向かっているのか見通しをもつことも、効果的に指導することもできないということです。これは先ほどの見取る視点でいう「基本の目」をもつということです。

そして、同時に求められるのが児童理解です。その時間における教科のねらいを達成した姿やねらいに迫ろうとする姿が想定出来ても、どのような道筋でそのねらいとする姿に至るかは千差万別、まさにその子次第です。

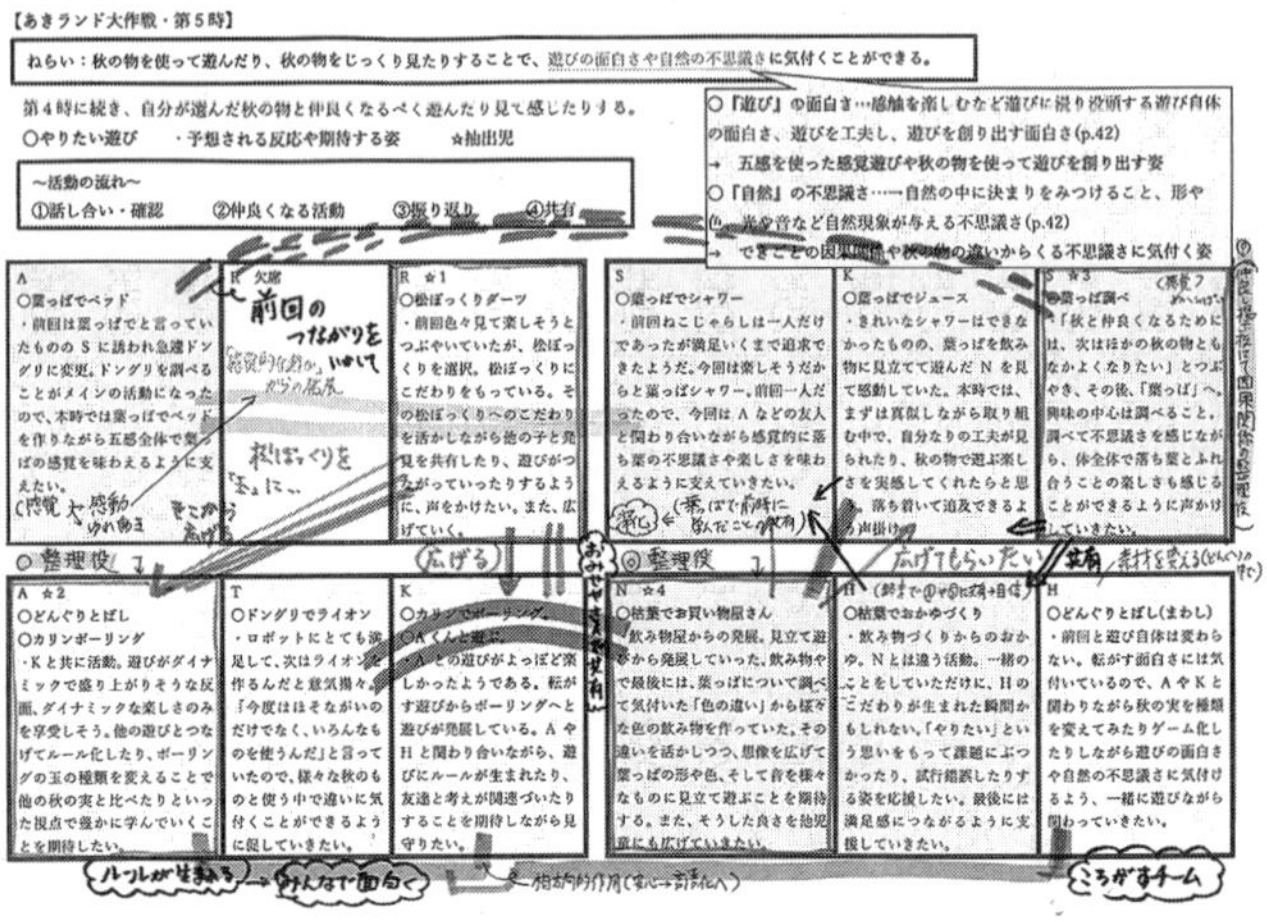
【あきランド大作戦・第5時】

ねらい：秋の物を使って遊んだり、秋の物をじっくり見たりすることで、遊びの面白さや自然の不思議さに気付くことができる。

○「遊び」の面白さ…感触を楽しむなど遊びに没り没頭する遊び自体の面白さ、遊びを工夫し、遊びを創り出す面白さ(p.42)
→　五感を使った感覚遊びや秋の物を使って遊びを創り出す姿
○「自然」の不思議さ…一自然の中に決まりをみつけること、形や色、光や音など自然現象が与える不思議さ(p.42)
→　できごとの因果関係や秋の物の違いからくる不思議さに気付く姿

第4時に続き、自分が遊んだ秋の物と仲良くなるべく遊んだり見て感じたりする。
○やりたい遊び　　・予想される反応や期待する姿　　☆抽出児

〜活動の流れ〜
①話し合い・確認　　②仲良くなる活動　　③振り返り　　④共有

| | | | | | |
|---|---|---|---|---|---|
| A<br>○葉っぱでベッド<br>・前回は葉っぱでと言っていたものの S に誘われ急遽ドングリに変更。ドングリを調べることがメインの活動になったので、本時では葉っぱでベッドを作りながら五感全体で葉っぱの感覚を味わえるように支えたい。 | R　欠席 | R　☆1<br>○松ぼっくりダーツ<br>・前回色々見て楽しそうとつぶやいていたが、松ぼっくりを選択。松ぼっくりにこだわりをもっている。その松ぼっくりへのこだわりを活かしながら他の子と発見を共有したり、遊びがつながっていったりするように、声をかけたい。また、広げていく。 | S<br>○葉っぱでシャワー<br>・前回ねこじゃらしは一人だけであったが満足いくまで追求できたようだ。今回は楽しそうだからと葉っぱシャワー。前回一人だったので、今回は A などの友人と関わり合いながら感覚的に落ち葉の不思議さや楽しさを味わえるように支えていきたい。 | K<br>○葉っぱでジュース<br>・きれいなシャワーはできなかったものの、葉っぱを飲み物に見立てて遊んだ N を見て感動していた。本時では、まずは真似しながら取り組む中で、自分なりの工夫が見られたり、秋の物で遊ぶ楽しさを実感してくれたらと思う。落ち着いて追及できるよう声掛け。 | S　☆3<br>○葉っぱ調べ<br>・「秋と仲良くなるためには、次はほかの秋の物ともなかよくなりたい」とつぶやき、その後、「葉っぱ」へ。興味の中心は調べること。調べて不思議さを感じながら、体全体で落ち葉とふれ合うことの楽しさも感じることができるように声かけしていきたい。 |
| ○整理役 | | | ◎整理役 | | |
| A　☆2<br>○どんぐりとばし<br>○カリンボーリング<br>・K と共に活動。遊びがダイナミックで盛り上がりそうな反面、ダイナミックな楽しさのみを享受しそう。他の遊びとつなげてルール化したり、ボーリングの玉の種類を変えることで他の秋の実と比べたりといった視点で豊かに学んでいくことを期待したい。 | T<br>○ドングリでライオン<br>・ロボットにとても満足して、次はライオンを作るんだと意気揚々。「今度はほそながいのだけでなく、いろんなものを使うんだ」と言っていたので、様々な秋のものと使う中で違いに気付くことができるように促していきたい。 | K<br>○カリンでボーリング。<br>○A くんと遊ぶ。<br>・A との遊びがよっぽど楽しかったようである。転がす遊びからボーリングへと遊びが発展している。A や H と関わり合いながら、遊びにルールが生まれたり、友達と考えが関連づいたりすることを期待しながら見守りたい。 | N　☆4<br>○枯葉でお買い物屋さん<br>・飲み物屋からの発展。見立て遊びから発展していった。飲み物やで最後には、葉っぱについて調べて気付いた「色の違い」から様々な色の飲み物を作っていた。その違いを活かしつつ、想像を広げて葉っぱの形や色、そして音を様々なものに見立て遊ぶことを期待する。また、そうした良さを他児童にも広げていきたい。 | H<br>○枯葉でおかゆづくり<br>・飲み物づくりからのおかゆ。N とは違う活動。一緒のことをしていただけに、H のこだわりが生まれた瞬間かもしれない。「やりたい」という思いをもって課題にぶつかったり、試行錯誤したりする姿を応援したい。最後には満足感につながるように支援していきたい。 | H<br>○どんぐりとばし(まわし)<br>・前回と遊び自体は変わらない。転がす面白さには気付いているので、A や K と関わりながら秋の実を種類を変えてみたりゲーム化したりしながら遊びの面白さや自然の不思議さに気付けるよう、一緒に遊びながら関わっていきたい。 |



▶秋遊びの個別支援表

先ほどの生活科秋遊び授業を例に挙げます。上の写真をみてください。

この写真は、秋遊びの実践で、私が前時の見取りをもとに本時に立ち現れてくるであろう子供の姿と教師の支援を記したメモになります。先ほどの例で挙げたように同じねらいであっても、その子その子によって学びの道筋は違います。そして一人一人違うということは教師の手立ても当然違ってくることを意味します。だからこそ、本時のねらいとこれまでのその子の秋の素材との関わり方、その子の特徴といったものを加味して、その子の学びがどのように立ち現れてくるか考える必要があるのです。

教科指導に対する深い理解と児童理解とが重なり合うことで、単元や本時での子供たち一人一人の学びのストーリーが見えてきます。そうすると自然と教師が行う直接的支援や間接的支援（前述したねらい直結型の活動・環境・教材にすること）も決まってきます。

そのように教師が学びの先を見通し、手立てを想定することで、学びの風呂敷はどんどん広がり、子供たちの学びの自由度は広がっていきます。つまり、**学びの風呂敷の広がりは、子供たちの自由度という縦軸と教師の専門性という横軸によって構成されている**と言えます。

## 仕込みと仕掛けでねらいに迫る

Play型授業では、遊ぶという文脈の中に、教科のねらいや教師の指導性を埋め込んでいくことを大切にします。そうすることで、子供たちが遊びながら自然と教科のねらいに迫っていく、つまり、学びを深めていくことを目指します。前項ではその埋め込む先は活動であり、人的・物的環境であり、教材であるとお話ししました。ここでは、どのように埋め込んでいくべきか事例をもとに紹介していきます。

私が教師の指導性を埋め込むときに意識するのは「仕込み」と「仕掛け」です。

**仕込みと仕掛けとは、子供たちの問題意識を引き出したり、学びの深まりを生んだりする**

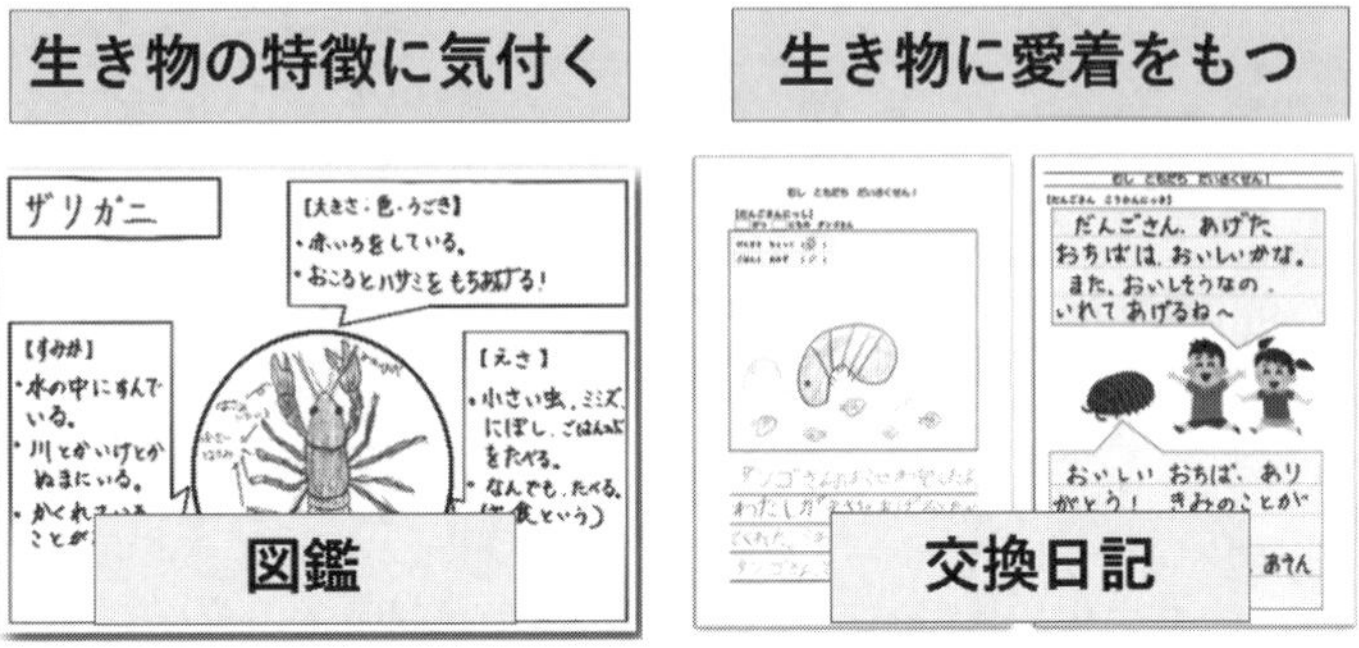
生き物の特徴に気付く
ザリガニ
【大きさ・色・うごき】
・赤いろをしている。
・おこるとハサミをもちあげる!
【すみか】
・水の中にすんでいる。
・川とかいけとかぬまにいる。
【えさ】
・小さい虫、ミミズ、にぼし、ごはんなどをたべる。
・なんでもたべる。
図鑑
生き物に愛着をもつ
だんごさん、あげたおちばは、おいしいかな。また、おいしそうなの、いれてあげるね〜
おいしいおちば、ありがとう！ きみのことが
交換日記

▶ねらいの違いによる表現活動の使い分け

**ために行う教師の意図的な働きかけであり、教師の指導性を埋め込む方法の種類**です。仕掛けとは本時や単元で行う比較的短いスパンで行う教師の働きかけです。対して、仕込みとは、「早朝から料理の仕込みにかかる」と使われるように、単元間や学期間など比較的長いスパンを想定した教師の働きかけです。そして、仕込みと仕掛けは表裏一体のものであると言えます。

生活科「飼育単元」で考えてみましょう。この単元では、生き物の特徴に気付いたり生き物の愛着に気付いたりするといったねらいを設定します。そのとき、私はそれぞれのねらいによって表現活動を変えています。生き物の特徴に気付くためには、図鑑を、愛着をもつためには、交換日記といった活動を行います。

図鑑であれば、生き物への愛着より体の大きさ、餌、棲み処などをかきたくなります。その結果自然と生き物の特徴に気付くわけです。逆に交換日記であれば、特徴よりも

こんなお世話したよとか、だんごさんかわいいねなんて書きたくなる。その結果、自然と愛着が形成されていくわけです。そうすることで、子供たちにとっては図鑑を作ったり交換日記をつけたりすることが目的なのですが、教師がいちいち「生き物の体の特徴を見なさい」とか、「ダンゴさんのことどう思う?」と聞かなくても子供たちは自然とねらいに向かうわけです。これはねらいをもとに、「活動」に仕掛けを行った例です。

教師の指導性を埋め込むための仕掛けを行う対象としては、活動・環境・教材などが考えられます。それら間接的な仕掛けを施すことで、子供たちから自然と立ち上がってくる問題意識を大切にしながら「教材や課題の提示」、「問題意識の揺さぶり」など直接的に仕掛けていくタイミングを図っていきます。

このように仕掛けをしていくと、そのうち子供たちは学習の見通しがもてるようになり、自らやりたいことを考え始めます。例えば夏遊びを経験した子供たちは、秋になり風が涼しくなり葉が色づき始めると「先生、秋がきたみたい。秋遊びしようよ!」と自ら言いに来ます。きっとそれに対して、「いや、秋はまだ来ていないんじゃないかな。」という子もいるでしょう。このような姿はまさに夏遊びを行う前に「夏探検(夏探し)」を行いながら学んだ経験(仕掛け)が仕込みとなって働いた姿です。

他にも、物語文を学ぶ前に上学年の音読発表会の様子や物語を書く様子などを見に行き、子供たちの期待感を高める。そのように多様な活動を知る経験（仕掛け）は、いざ物語の学習計画を考えるときに生きて働く仕込みになります。また、何かの活動で余った色画用紙を子供たちの見える所に集めて取りためて置く。そうすると、たくさん集まったときに子供たちは「何かに使えないかな」と思うでしょう。そのタイミングでそれらの紙の形を見立てて作る図画工作科の学習を始める。生活科で子供たちが季節のものを集めてきたときに、それを取りためて置けるコーナーを設置する。それがまさに先を見通して、学びの種を仕込むということだと考えています。仕込みを行う上で大切なのは、教師が子供たちとの日々の中に、教科の学びへとつながる言動や事象が隠されていないかアンテナを高くはって見逃さないことです。そして、それが自然と子供たちの疑問や思いや願いとして表れてくるように環境を整えたり、意図的に機会を設けたりして仕込みをしていきます。

さらに大事なことは、そういった学びを創ろうとする子供たちの態度を価値付けるといった仕込みを行うことです。価値付けるべき態度とは、日常生活や既習知識と新たな学びをつなげたり、やりたいことを生み出したりしようとする子供たちの姿勢です。そうすると、「それっていいんだ。」「こうすればいいのか。」と着眼点や学び方を学び、子供たちは自ら新たな学びを生み出していこうとします。物事の捉え方、迫り方の経験が積み重なっていくと、結果として教師の仕掛けがより有効に働いたり、仕掛けがなくとも自ら学びを深めていけたりできるようになります。

だからこそ、子供たちが主体的に学んでいくため、必然性をもって材と出会うため、そして教科の学びを自分で深めていけるようになるために、後々に花開くための「学びの種」を蒔くこと（＝仕込み）はとても大切なことなのです。

以上のように仕掛けを積み重ねていくことで、そこから子供たちはその教科の対象に対する着眼点やアプローチ（学習方法・方略）を自然と獲得していきます。そして、そのような気付きを自覚化したり態度化できたりするように価値づける教師の働きかけや既習を活用できるための年間を通した単元構成の工夫といった仕込みを行うことで、まさに子供たちは自ら学びを深めることができるようになっていくと考えます。

人を教え育むとは地道なもので、一足飛びに成長することはまずありません。そのような意味で植物がゆっくりと育っていくことと似ているかもしれません。種を蒔かなければ芽吹かないし、日々こまめに目をかけ手をかけなければ大きくなっていきません。そして、その成長も非常にゆっくりです。でもゆっくりではあっても、心を尽くしていれば確実に成長していきます。それは植物にも自ら育つ力があるからです。

育ちすぎているからと伸びた芽を押し潰してしまったり、思うように育っていないからと無理に力を加えて引っこ抜いてしまったりする。そうやって豊かな土壌から離れてしまった植物は本来あったはずの自分で育つ力を失ってしまいます。だからこそ、自ら育つ力があると信じ、種をたくさん蒔き、芽吹くまで待つ。芽吹いた後も焦って無理に引っ張り、芽を抜くことがないように、じっくりでも着実に働きかけていく必要があります。

そしてそれは、教師が子供たちの思いや願いを大切にしながらも、専門性と職人性をもって意図的・計画的に子供たちを取り巻く環境そのものに仕掛けと仕込みを繰り返し施すことと同じです。そうした地道な積み重ねこそが学びの積み重ねを生み、後に大きな花を咲かせ、豊かな実りをもたらすのでしょう。それは、子供たちの資質・能力が育まれるというだけでなく、達成感と充実感が満面の笑みとしても結実することを意味します。

## 認知心理学の観点からみた学力の構造と遊び

ここでは、六つの遊びの類型をどのように教科の活動と結びつけていくかとよいか、認知心理学の知見を参考に考察していきます。

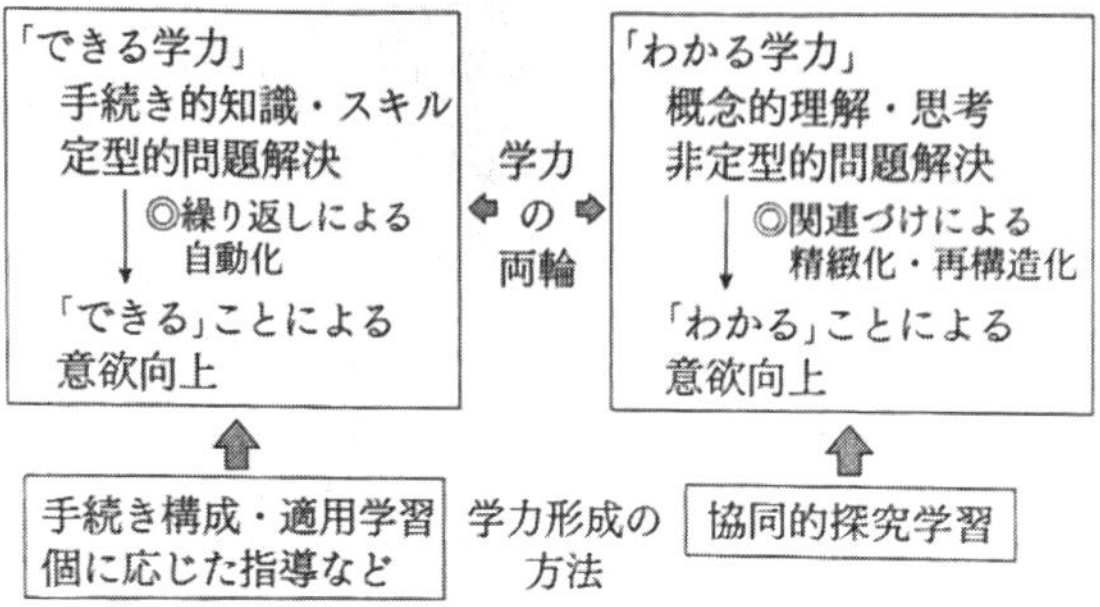


▶学力の心理学的モデル（藤村 2012 より）

認知心理学上、知識と言っても数種類の知識があり、手続き的知識と宣言的知識や概念的知識の獲得過程が区別されてきました。であれば、当然それぞれの知識を獲得するための学習方法も区別できると考えるのが自然です。

藤村（2017）は**手続き的知識を「できる学力」**という言葉で、**概念的知識を「わかる学力」**という言葉で次のように説明しています。

> 解決方法が一つに定まる定型的問題に対する手続き的知識・スキルの中心的な獲得メカニズムは、繰り返し（反復）による自動化（automatization）である。…（中略）…「できる学力」については、ある手続きが適用可能な同種の問題に繰り返し取り組むことにより、手続きの適用がより正確で速くなり、十分な注意を向けなくてもできるようになっていく。一方で、概念的理解やそれに関連する思考プロセス

の表現、それらを通じた非定型的な問題の解決、すなわち先述の「深い学習」に対応するのが「わかる学力」である。概念的理解の深化メカニズムは多様な知識の関連づけによる知識構造の精緻化(elaboration)や再構造化(restructuralization)である。既有知識と新たな知識を結び付け、また既有知識どうしに新たな結びつきを見いだすことで、物事をとらえる枠組み(知識構造)を変化させていくことが「わかる学力」の形成(概念的理解の深化)の本質であると考えられる。(110頁)

ではこの「できる学力」と「わかる学力」を遊びの六つの類型と関連付けて考えてみます。そうすると、手続き的知識では、競争や模擬の遊びの要素と親和性が高いことが分かります。低学年でいう手続き的知識とは、代表的なところでいうと算数の計算技能であったり、国語でいう音読や漢字の書き取りといった技能であったりします。もちろん、他教科も当然そういった手続き的知識は無数にあります。

子供たちがスラスラ音読できるようになることやたし算やひき算をスムーズに計算できるようなることは多くの先生方が目指すところではないでしょうか。それは、藤村が言う所の手続きの適用がより正確に、より速く、じっくり考えなくてもできるといった自動化された状態だと言えます。そしてそうなるためには、「繰り返し」が大切になります。

この繰り返しを楽しく取り組むために競争遊びと模倣遊びが有効なのです。

例えば、繰り下がりのあるひき算がスラスラできるようになるために計算カードを使って、複数人でカルタ遊びをするとします。ルールは簡単。計算カードの式が見えるようにして、バラバラに置きます。教師が「答えが4になるカード」とお題を出します。頭の中で速く、正確に計算できた子が多くのカードを取り、勝つことができます。このように競争遊びにすることで、より速く正確に計算できるようになることを自然と目指すようになります。

また、体育科の「体つくりの運動遊び」での多様な動きをつくる運動遊び。遊びを通して手をつきながら腰を高く上げて移動する動きの経験や習得をねらいとした場合、これを「腰を高く上げて歩くよ。はい四回やりますよ。」と機械的かつ訓練的に繰り返させることが意味をもたないことは言うまでもないでしょう。だからこそ、模擬遊びを取り入れて腰を高く上げて歩くクマやキリンといった動物の真似をするのです。変身ですから、そっくりそのまま真似する必要があり、正確に繰り返すことにつながっていきます。そして、自然と繰り返したくなるようにクマ鬼ごっこやコーンを木に見立てて森を作るなど工夫していくのです。

このように他者や過去の自分といった対象との競争遊びが手続き的知識の習得を主とする「できる学力」で抜群の効果を発揮する一方で、概念的知識の習得を主とする「わかる学力」では、適しません。これは図にあったように「わかる学力」では学力形成の方法として、協同的探究学習が効果的であるからです。藤村は「知識を関連付けて『わかった』という経験は、知識が再構造化されることで知的好奇心や内発的動機づけが喚起され、…（中略）…そこでは知識の提供者として、自分が説明する相手として、あるいは探求のパートナーとして、ともに学ぶという意味での協同する他者が重要な役割を果たすであろう。（112頁）」と主張しています。つまり、協同に競争は適さないということであり、楽しくするために何が何でも競争遊びの要素を取り入れればよいというわけではないのです。

そのような「わかる学力」では、模擬遊びや創造遊び、あるいは収集遊びと親和性が高くなります。「わかる学力」で大切なのは「結びつき」です。田村（2018）は概念モデルを星座に例えています。知識の粒が一つ一つの星であり、様々な結びつき方により概念化されるというわけです。

例えば国語科の物語文授業で行う劇遊びでは、物語世界に入り込み登場人物になりきりながら遊びます。その場面、その時の登場人物の行動や話の展開と自分のこれまでの経験を関連付けながら、直接書かれていない登場人物の行動の理由や気持ちを解釈します。また、生活科で行う砂場あそびや算数科で行う形遊びでは、様々な形を何かに見立てて、つまり今、目にしている形と具体物を関連付けて、作って遊びます。その中で友達の模倣を始めたり、共に取り組んだりと自然と互いに影響を与えながら協同的に取り組むことが考えられます。このように、劇遊びにみられる模擬遊びや何かを見立てる創造遊びは「わかる学力」と親和性が高いと言えます。

以上のように、ある活動を六つの類型にある遊びの要素を取り入れようと考えたときに、その単元や授業でねらいとする知識が手続き的知識なのか、それとも概念的知識なのかも一つの基準として考慮に入れる必要があります。

## 遊びの中での「教わる」―模倣と遊び―

遊びを授業に迎え入れる上で、考えなければいけないことの一つに遊びのルールや環境を教師がどこまで提示するのか、もしくは準備するのかということがあります。

冒頭お話ししたように、遊びと言う言葉には、自由と言うイメージが伴います。しかし、だからと言って枠組みが全くないわけではありません。むしろ、遊びに入り込み、楽しくなるためには、その遊びの規則（ルール）や遊び方を知らなければなりません。

一年生の休み時間を見たときに、遊びの人気ナンバーワンはタッチ鬼とか代わり鬼と呼ばれる普通の鬼ごっこです。大人の私からすると、正直ケイドロやボールけりと言った鬼ごっこに様々な要素を加えた遊びの方が面白いと感じるのですが、一年生はそうではないのです。遊び慣れた遊びほど見通しがもちやすく、安心して楽しめるので、遊び慣れたシンプルな遊びを選びがちです。それは、ある年の子供たちもそうでした。そこであるとき、クラスの子たちに、ボールけりをしないかと誘ったことがありました。その時の子供たちの答えは、

「よく知らないし、面白くなさそう。」

「やったことはあるけれど、楽しくなかった。」

ということでした。

そこで、私はルールを丁寧に教えることと、高学年を誘って一緒にボールけりで遊ぶことをしました。そうすると、最初は少し遠巻きに見ていた子供たちも、私と高学年の子たちとのやりとりを見て、次第に何かをつかみ始め、最後には、

「次も絶対やろうね！」

と何度も念押しするほど楽しんでいました。

ここから分かるのは、新たな遊びを楽しむためには、その遊びの規則や楽しみ方を知る（＝

教えてもらう、見て学ぶ）必要があるということです。遊びだからと言って全てが自由なわけでも、一から十まで全てを自分で決めないといけないわけではなく、始まりは枠組みを示したり、規則を教えたりすることが大事な場合もあります。

ピアジェが主張するシェマによる対象の同化（＝遊び）とシェマの調節（＝模倣）という考え方。あるいはブルームのマスタリー・プレイ（習得のための遊び）とポスト・マスタリー・プレイ（応用の場としての遊び）という考え方。そこに共有しているのは、**模倣によってある一定の何かを獲得した後に、獲得した枠組みを色々な対象にあてはめながら遊ぶことでその枠組みをより確かなものにしたり適用範囲を広げていったりすること**だと解釈できます。

そのように、遊びの前には模倣があると私は考えています。模倣とは正しく真似ることで、真似るとは「まねぶ」ことであり、「まねぶ」は学ぶの語源であると言われています。おままごと（ふり遊び）も普段の家庭生活のやりとりという枠を獲得しているから遊びが成立します。ブロックや砂場で作る町も建物もお団子も見立てる元があるからの遊びが生まれます。

模倣と言う行為によって、新たな枠組みが形成されているからこそ、その先に遊びがある。それは、先ほどの新たな遊びを楽しむためには、その遊びの規則や楽しみ方を知る（＝教えてもらう、見て学ぶ、模倣する）必要があるということと重なります。それは遊ぶための元が子供たちの中に形成されているか、教師が把握しなければならないことを意味します。

例えば生活科の季節遊びの際に、季節感漂う公園や校庭に子供たちを解き放つだけで、自由に遊びが始まります。しかしそれも幼児期での経験という元があり、見立てる元があるから遊べるのです。自由でありさえすれば遊べるわけではありません。**遊びだからと言って何でもありの何でも自由がよいという訳ではなく、より楽しく遊ぶための元となる枠組みを形成していることが大切**なのです。それが日常生活周辺のことであれば自然と模倣することによってまねび、学んでいきます。しかし、年齢と共に遊びが高度化するにつれて、規則や楽しみ方も複雑化するので、模倣の機会がない事象も生まれてきます。教科の学びなどはまさにそうで、「教科の系統とは日常の経験だけでは到達しがたい科学的認識の深まり（奈須、２０１７）」なので、遊べるようになるためには、誰かに教わりながら見聴きして真似して学ぶ必要があります。

それは Play 型授業でも同じことが言えます。遊ぶための元は何かを意識し、そもそも遊ぶことのできる土壌は耕されているのか考える。そして、**楽しむための元が形成されていな**

して、発展的に次の遊びが始まります。

そのように、模倣だけでも、遊びだけでもなく、そのバランスを意識する。そうすることで、子供たちの遊びも学びもより豊かなものになるはずです。そのバランスのさらなる具体について、詳しくは四章で後述します。

同化である遊びと調節である模倣という考え方など第一章で見てきた知見を生かして、Play型授業での「教える」について考えてきました。そうすることで、現在の授業に遊びがなくなっている理由も見えてきたように思います。

多くの授業では目に見えない子供たちの資質・能力（コンピテンシー）を育むと言っても、目に見える内容（コンテンツ）だけを大切にするという考え方が未だ根強く、常に模倣（調節）によって新しいことを獲得し続けることに重きが置かれているように感じます。その中で遊ぶと言っても、あくまで習得のために遊ぶというように、手段的にしか利用されていない実態がある気がしてなりません。つまり、教師にも子供たちにも遊ぶ余裕がないのです。

ですが、これまで見てきたように遊びは、様々な教育的価値を内包してきました。

遊びはシェマによる対象への同化が起こる応用の場であり、発達の最近接領域（ZPD）を生み出します。そのように**模倣して身に付けたことを遊ぶことを通して様々な事象・条件**

に適用していきながら、実際にどのような場面や理由で（条件節）、どのようなことができる（行為節）のか試しながら、獲得した枠組みをより柔軟で活性化された使えるものへと作り込んでいくことで、現に様々なことができるようになっていきます。

それは、過去「生きて働く学力」、「生きる力」だと言われことであり、現在求められている「何を知っているかではなく、何ができるか」という学力観とピタリと重なります。小学校に入学した途端に学習（授業）と分けられ、隅に追いやられてきた遊び。しかし、遊びは無駄なものでも、不必要なものでもなく、むしろ今の時代にこそ求められているものなのかもしれません。

# 第三章　Play型授業、そしてPlay型学習

第三章はPlay型授業の世界です。

第二章でPlay型授業を形作るものとして説明した「楽しくなる」「強制感を感じにくくなる」「文脈になる」という3つの条件。そして、それを実現し、支える教師の手立てについてお話ししてきました。

私自身のこれまでの具体的実践をもとに、各教科での「遊びながら学ぶ」子供たちの姿とそれを生み出した要因について迫っていきます。

## 競争競技場

* はやさを競う
* ながさを競う
* 数を競う
* 回数を競う
* 大きさを競う

## 模擬劇場

* ○○劇
  （音読劇、
  ペープサート劇、
  劇遊び…）
* ○○ごっこ
  （動物、作家、
  乗り物、歌手…）
* お店屋さん
* ○○になりきって
* ○○の場面に入り込んで

## 感覚サーカス

* 浮遊感
* 固定遊具
* クオリアをうながす活動
* 熱さ、冷たさ（触覚）
* 早口言葉

## 偶然ゲーム

* 駄洒落
* アナグラム
* 数並べ（規則性）
* 色のまざりあい
* 音のまざりあい

## 収集博物館

* 音集め
* 言葉集め
* 自然物集め
  （季節のもの、生き物）
* ページづくり（図鑑）
* 色集め
* 形集め

## 創造LABO

* かたち遊び
  （立体、平面）
* 氷づくり
* 音（音楽）作り
* 工作、絵
* 育てる（栽培）
* おもちゃ作り
* お話作り（絵本）

# 生活科

## 「栽培単元：朝顔さんばっちり育てる大作戦」

本単元のねらいは、植物との関わり方を工夫しながらお世話することで、植物の成長を喜んだり変化に気付いたりして、関わりを深め愛着を育むことである。

この年の子供たちは、興味はあるものの、植物を栽培した経験のある子が少なかった。そこで、植物に適切に関わるとはどのようなことなのか、試行錯誤しながら理解を深めていけるように、子供たちの思いや願いを最大限尊重しながらオリジナルお世話やオリジナルお世話グッズを作り、活動を行っていった。

- **楽しく「なる」**

  栽培すること自体が、お世話ごっこといた模擬の遊びの要素を含む。また日々植物が生長していくことで創造の遊びや予期できない偶然の遊びの要素を含む。

- **自由に「なる」**

  朝顔を一人一鉢栽培する中で、どのようなお世話を行うか（オリジナルお世話）考えることで、学習活動を自己決定できるようにした。その中には追肥の時期、支柱を立てる時期、間引きをするかなどについても含まれる。

- **文脈に「なる」**

  2年生に種を、6年生に鉢をもらうプレゼント型の導入で子供たちの思いや願いを醸成した。また、常時活動以外でも「じっくりお世話」という活動時間を設け、その中で立ち上がってきた問題を「○○会議」にて話し合い、解決していくことで文脈を形作っていった。

## 「遊びながら学ぶ」子供の姿

この年は、プレゼント型の導入で朝顔実践がスタートしました。子供たちは朝顔のパパやママになりきり、お世話をします。朝顔のお世話に大切なのはお水だということで、種を蒔いてから、くる日もくる日も水をあげ続けました。途中、「水のあげ方問題」に直面しましたが、それらの問題も乗り越え、どの子の朝顔も芽吹き、葉が三枚四枚とどんどん増えてきた頃でした。ある日、Mくんが突然こんなことを言い出します。

「あのさ、みんな朝顔のお世話してるじゃん。水あげもね、朝顔さん喜んでていいんだけどね、もっと喜ぶようにしてあげたいなって思うんだけど。」

そうすると、

「え、面白そう。」

「朝顔さんが嬉しくなったら、もっと大きくなってくれるかもね。」

とどんどんつぶやきが生まれました。一時間目の前、発見や疑問、学習や休み時間に行いたいことを話す「お話タイム」でのことでした。早速その日の生活科の学習で「オリジナルお世話」と命名して、その内容について話し合うことになりました。

オリジナルお世話と言っても、それまで水あげしかしてこなかった子供たち。朝顔に喜んでもらうように頭をひねります。最初に勢いよく手を挙げたのは、朝顔が喜ぶお世話をしたいといったMくんでした。

「朝顔さんをたくさん、お散歩してあげたいです。」

うーん。これを聞いて、皆さんだったらよしとしますか。ひっくり返したり、転んだりと様々なことが考えられます。私も大丈夫かなという心配が頭をよぎりました。

遊びが大好きで、休み時間になったらクラスを最初に飛び出していくようなMくん。やりたいことを自己主張するのは得意としていたのですが、それは休み時間の遊びに限った話。お話タイムでも話題にするのは、休み時間の内容がほとんどでした。そんなMくんが学習に関する話を始め、実際の話し合いでもいの一番に手を挙げたのです。だからこそ、まずは理由を聞いてみようと思いました。そうすると次のように言うわけです。

「あのさ、ぼくはさ、朝顔さんのパパだからなんだけど、ぼくのパパはお休みになると、いつも散歩してくれて。サッカーとかお話しとかしたりするんだけどね、それがぼく嬉しいの。だから、朝顔さんにもしてあげたいなって。」

やはり、彼の中には、しっかりとした考えの道筋があったのです。自分の生活と関連付けて、考えたからこその「お散歩」でした。そして、同時に彼が発言した途端、クラス中から「あっ」というつぶやきが聞こえ、子供たちの表情が変わったことが分かりました。そして堰を切ったように次々と意見が出ました。やってみたいオリジナルお世話として、散歩の他にも次のような意見が出ました。

・寂しそうだから、友達を増やしてあげたい。
・一緒に遊んであげたい。
・絵を描いたり写真をとってあげたりしたい。
・ケガや病気になっていないかチェックしてあげたい。
・オシャレにしてあげたい。

Mくんのお散歩も含め、植物に対するお世話として適切ではないものもたくさん出てきました。でも、それは植物のお世話（植物の関わり方）を知っている大人だからこそ分かることです。初めて植物を育てる子や育てているのを近くで見たことしかないという子もいるでしょう。また、大人からこういう風に育てるんだよと教えてもらいながら育てたことがある子もいるかもしれません。そんな子たちにとって、初めての自分で育てるという経験。自分がされて嬉しいことをまずは朝顔にやってあげたいと願うのは、一年生での自然な姿なのではないでしょうか。そのように考えた私は、子供たちと相談しながら毎日継続してお世話しつつも、一週間に一回「じっくりお世話タイム」を設けることにしました。

そして、各々がじっくりお世話を始めました。ある子は、「アルバムにするの」と言って、生活科の発見カードを持ち出して、成長の様子を書いていました。また、ある子は、「お話をするといい」と言って、「聞く聞くフォン」片手にじっくりお世話中に朝顔とずっとお話をしていました。また、別のある子は「病気チェックをする」と言って虫眼鏡を持ち出して、葉の一枚一枚をじっくり観察（本人が言うには診察）していました。

Mくんはというと、やはりお散歩させていました。それも花が咲くまでずっと散歩を繰り返し行っていました。しかし、ただ単に同じことを繰り返していたわけではありません。彼の興味は最初、校庭を案内してあげることでした。もちろん、大事に抱きかかえて、朝顔には「ここでね、よく遊んでるんだ。よく滑るから面白いんだよ。」と紹介していました。

案内が一段落したころ、彼の興味は「朝顔さんが好きな場所に連れていくこと」に変わります。どうしてか尋ねてみると、「朝顔さんは足がないでしょ。だからさ、ずっと同じ場所にいて、好きなところにいけないから」というのです。

クラス全体でこのオリジナルお世話を続ける間も、朝顔の成長と共に、様々な問題が立ち上がりました。少し大きくなると、朝顔の葉が生い茂ったために鉢が狭くなってしまい、どうするかといった「お部屋狭い狭い問題」。蔓が伸びてしまい、友達の蔓と絡まってしまうと言った「蔓グルグル問題」。さらには、葉が黄色くなる「ご飯たりない問題」。その問題を解決するために、お引越し作戦や支柱作戦、肥料作戦を考えたりしました。この際ももちろん、全員一律、同じタイミングなどで同じお世話をするのでなく、自分の朝顔さんと相談しながら、いつ肥料をあげるか、いつ支柱をたてるかを考えていました。お引越し（間引き）を行うかについても、ある子は鉢を用意してそこにお引越しさせていました。またある子は、「もっと広い場所がいい」と言って学校の農園にお引越しをしてあげていました。さらには、「離れ離れは寂しいから、葉が黄色くならない（栄養が足りなくならない）限りは、お引越しさせない」とした子もいました。

これらの問題と出会う度に、そして話し合う度に、子供たちが繰り返し口にしていたのは、「朝顔さんだったら」という言葉でした。その言葉から子供たちは朝顔の気持ちになったり、立場にたったりして考えようとしていたのが分かります。

　さて、そのような朝顔栽培での学びのストーリーを通して、Mくんにも変化が起こります。繰り返されるお散歩の中で、Mくんは「**太陽がたくさんあたるけれど、暑すぎない場所でゆっくりしたりお世話したりする**」と最終的に陽がよく当たる場所に連れていき、そこで草を抜いたり、話しかけたりするお世話を行うようになりました。Mくんの振り返りには、「朝顔さんのことを考えてそうした。」とありました。二カ月半、様々な問題にぶつかりながらも「朝顔にとっては」と考え続けながらお世話する中で、植物である朝顔の特徴を生かした関わりを見付けた言動だと私は解釈しました。

## 「遊びながら学ぶ」を生んだ要因

　植物を栽培するという活動は、それ自体とても魅力ある活動です。それは、生まれてから今までお世話してもらう側だった子供たちが初めて一から十まで全てお世話する側になるからです。そこには、これまでのお世話を真似するという意味で模擬遊びの要素が含まれています。また実際に、芽が出て花が咲いたり、実がなったりと自分の働きかけによって何かが生まれるという意味で創造遊びの要素を含まれていると言えます。

だからこそ、本時に至るまでも子供たちは、種を植えることや水をあげるお世話を行うことを楽しみ、芽が出たことに喜んだのだと考えられます。さらに、本時が大きなきっかけとなり、より活動にのめり込んでいったことが分かります。子供たちの遊びながら学ぶ要因となったのが、自分が考えたお世話をするといった新たな創造遊びの創出と、それがもたらした自己決定の機会でしょう。

お世話をするのも、もちろんそれによって朝顔が成長するのも楽しいことではあるのですが、長期的かつ同じ活動の繰り返しは飽きを生みます。けれど、朝顔は日々成長しますから途中で投げ出すわけにはいきません。そうした過程は知らず知らずのうちに強制感を生むことでしょう。もちろんそうしながらも頑張ることで達成感を感じ、成長できる子もいるでしょう。でもそれは全員ではないし、そういった粘り強さが育まれるのはあくまで朝顔栽培の副次的効果でしかありません。やはり主体的に朝顔と関わることができるように隙間が必要だと感じます。それが本時でいう「オリジナルお世話」です。

私も最初に授業で植物を栽培した際は、「命あるものだから」「枯れてしまったら……」という理由で適切なお世話を教え、そこから逸脱することをよしとしませんでした。しかし、よく考えてみると思いをもって始まった以上、枯れてしまって一番悲しいのは、育てている本人です。たとえ、お世話に幅を持たせて許容したとしても、子供たちは朝顔を無下にするお世話などそもそも行うはずなどなかったのです。子供たちを信じてきれていない私の姿勢が子供の学びを狭めてしまっていました。

もちろん、オリジナルお世話を始める際は、授業にもあったように、適切な関わり方を見出せない子も多くいます。ですが、それは植物と適切に関わる方法を模索する子供たちの姿で、そうやって試行錯誤しながら、適切な関わり方に気付き、関わることができるようになっていくのではないでしょうか。ただ、それには、「朝顔さんのために」という思いが育まれており、お世話の是非について振り返る機会や植物に対する認識の深まりを生む機会を教師が意図的に設定する必要があります。そうして自分なりに試行錯誤しながら気付いたこと、見付けたもの、上手くいった経験は子供たちの何にも代えがたい宝物となります。そうした学びが生まれるように、単元計画を工夫し、自己決定や振り返る機会を設ける。そして、教師が言葉によってその学びの在り方を価値付けていく。それは学び方を学ぶための、仕込みと呼ばれる教師の大切な働きかけです。

振り返ると、まずもって**教師が子供の可能性を信じること**が大事なのだと痛感させられます。ですが、ただ盲目的に信じるのでなく、信じる裏側に、「Mくんがなぜそのような発言をしたのか」というMくんの背景に思いを馳せ、教科・発達上の理由を明確にしようとする必要があります。そうしてこそ、学びのストーリーを思い描くことができ、仕掛けや仕込み、

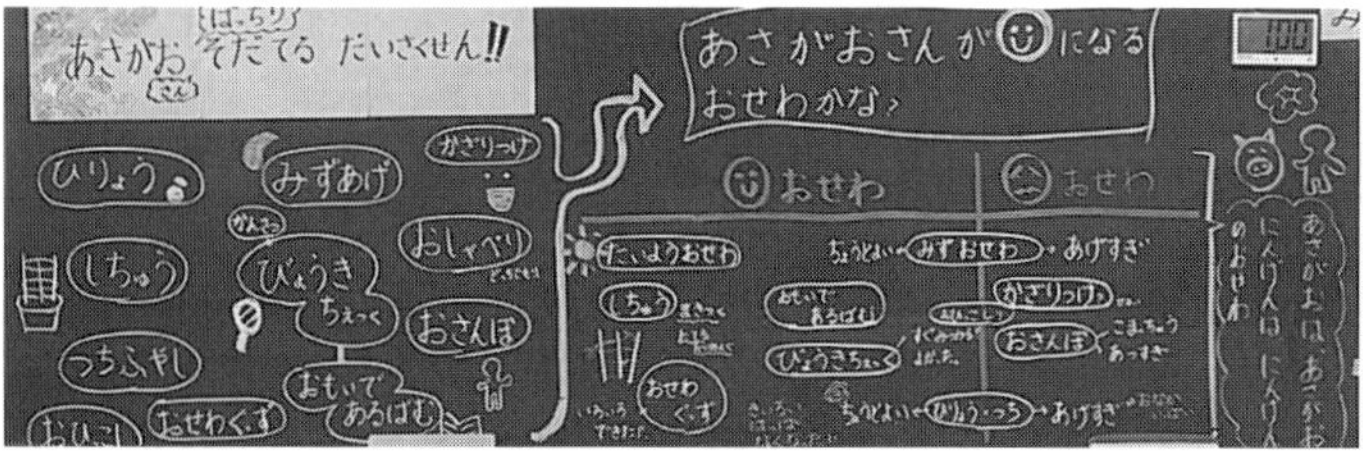


▶オリジナルお世話の有効性を検討する授業の板書

単元構成といった次の手が打てます。そして、子供たちはそういった広がった風呂敷の中で失敗も含め試行錯誤する中で遊びながら学ぶことができるのです。

## 学びの後日談

朝顔の学習では、一学期末にオリジナルお世話について振り返る時間を設けました。

そうすると、どの子も最初に挙げていたお散歩や飾りつけというお世話は、朝顔がニコニコするお世話でなかったと振り返っていました。また、水や肥料なども時期や量によってはニコニコお世話にもなるし、そうでなくなるとも。その理由について、授業終盤である子は次のように言っていました。

「あのね、つまりこういうことなの。**人間には人間のお世話ってあるでしょ。で、植物には植物のお世話があるの。人間と植物は違うでしょ。ぼくたちは、お肉を食べておいしいけど、朝顔さんは違う**

でしょ。だから、お世話の仕方も違うってわけ。」

この意見には多くの子が頷きました。まさに試行錯誤しながらも自分たちで夢中になってお世話したからこその気付きが生まれ、そして実感を伴っているからこそ、多くの子が深く納得したのではないでしょうか。

ちなみにMくんは、この授業の後で次のことを伝えに来てくれました。

「先生、だからさ、朝顔さんの喜ぶことは僕たちの喜ぶことと違うんだよ。だから、朝顔さんの喜ぶことをしてあげるのが一番のお世話だよ。」

加えて、次のことも付け足します。

「でもさ、みんな間違ってたんだけど、お散歩もさ、ぼくがやったみたいにやれば、朝顔さんが喜ぶお世話になるんだよ。今度それ言いたいから言うね。」

私は思わずニヤリとしてしまいました。

## 生活科

### 「季節遊び単元：冬遊びのマスター大大作戦」

これまで子供たちは、春や夏、秋に自然豊かな校庭を舞台として季節ごとの楽しい遊びを考えて繰り返し関わりながら、季節に対する理解を深め、自分の暮らしを豊かにしてきた。

本単元では、これまでの学びを生かして自分で遊びを通して自らの力で冬との関わりを深められるように、季節（冬）探検で冬の訪れを調査した後、単元の大部分をひとり学び（冬遊び）の時間に当てた。

- **楽しく「なる」**

冬の世界の中で、取り組みたい遊びを考える。氷を作る活動では、実験ごっこといった模擬の遊びや創造の遊び、偶然の遊びの要素が入っている。遊びの種類によって様々な遊びの要素が内在している。

- **自由に「なる」**

冬の世界の中で、「冬遊びマスターになる」という目的のもと、教材（氷、風、影）や学習方法、学習量など全てを自己決定できるオープンワールド型にした。

- **文脈に「なる」**

冬の世界の中で、「冬遊びマスターになる」という目的のもと、毎時間自分なりの課題をもって取り組む構成にした。その際に、振り返りでその時間の活動を整理しつつ、次の時間の計画（やりたい活動）も記入し、学びが紡がれ文脈が形作られるようにした。

## 「遊びながら学ぶ」子供の姿

これまでクラスでは、春からずっと季節遊びに取り組んできました。春は、春の花でレストランごっこや花吹雪をして遊び、夏は水や砂、泥を生かして遊びました。さらに秋は、秋の葉や実を使って遊ぶことはもちろん、おもちゃ作りを行い、近隣の小学校と秋のおもちゃパーティーも行いました。その中で、春だったら花、夏だったら水、秋だったら綺麗な葉などといったように、その季節ならではの物を使った遊びがあることに気付いていきました。それがまさに、その季節限定の遊びであったり、その季節をもっと好きになったりするための遊びというふうに子供たちはまとめます。そして、**その季節と仲良しになった、季節博士になった、その季節が好きになった**というのです。

そうしてやってきた冬。子供たちは戸惑います。今までは、春だったら花、秋だったらドングリなど、その季節ごとの材があって、それを生かしながら遊んできたからです。冬が来たかどうか調べるための探検をして、ある子は次のように言っていました。

「寒いし、着る物も変わってる。それに秋の頃あんなにあった葉っぱが一枚もないから冬は絶対来てると思うんだよね。でも、冬って何もないんだよね。」

　これでは、そもそも遊べない。緊急の冬会議を開くことになりました。会議中も子供たちは意気消沈していました。しかしそんな中、Gさんが、次のように切り出しました。

「でもさ、わたしたちってこれまでにもたくさん季節と仲良くなってきたじゃん。だからめっちゃレベルアップしてると思うのね。そしたら、冬ともきっと楽しく遊べるはずなんだよ。だから、もっと考えてみたらいい遊びが思いつくと思う。」

　この発言をきっかけに、「そうだよね。」という機運が高まっていき、寒いからこそ氷ができるので、氷を作って遊ぶことになりました。その後、身近な人に聞いたり本で調べたりする中で、影や風でも遊べそうだと計画に盛り込むことになりました。

　冬会議で、「冬でも遊ぶことができるよ」と力強く主張したGさん。そんなGさんの学びを見ていきます。Gさんの冬遊びは「こおり実験室」を開いて氷を調査するというものでした。秋にはドングリ実験室を開いてドングリに虫がいるのか、いろんなドングリがあるのかなど調査したGさん。まさにGさんらしい遊び

▶氷実験室をひらくGさん

方でした。

色付き氷をつくる、塩に引っ付くか調べる、とんでもなく大きな氷を作りたいとGさんの夢は膨らみます。しかし、そんなGさんの夢はいきなり頓挫してしまいます。氷を作るために、容器を設置しても、くる日もくる日も氷は中々凍りません。

「おっかしいんだよね。氷は寒いとできるから、寒いところに置いてるんだけどな。だってほら、ここ影でしょ。影はね寒いんだよ。」

Gさんが設置したのは、自身の靴箱がある昇降口のすぐ横の木の影でした。しかし、昇降口は南側を面しており、時間によっては陽も当たる場所でした。

そうこうしている内に、ある日の冬遊びで、

「やったあ！」

と歓声をあげて、ある子が飛んできました。氷が出来たのです。

そのときGさんは、信じられないという顔をして

「えー、見せて見せて！」

ととんでいきました。本当に氷が出来たのを見て、Gさんはうらやましそうにこの子を見ていました。その後、盛んにGさんは自

▶氷づくり実験の様子

分が設置した校庭の表側とこの子が設置した校庭の裏側を何度も行き来しながら、数人で何かを話し合っていました。その日のGさんの振り返りには次のようなことが書かれていました。

> Tくん（の水）が凍ったのは、学校の裏側に置いてたからです。しかも、裏側の絶対日が当たらないところです。**私は秘密を見付けてしまいました。行ってみると、全部陰でずっとずうっと寒かった。私もT君と同じ場所に置きました。貸してもらってカップの大きさも同じ**。これで凍ります。

次の日、Gさんの念願かなって氷は凍りました。

「やっぱりね、ほらねほらね！寒さにもいろいろあるんだよ。」

Gさんは、嬉しそうに語りかけてくれました。

その日の彼女の振り返りでは、次のようなことが書かれていました。

> **やった〜〜〜!!凍ったよ**。氷作り実験、大成功だ。**全部寒いんだけど、氷が凍る寒さはすごい寒いところじゃないとだめ**って分かった。太陽もあたっちゃだめ。地面を触ってみたらそれが分かった。**もう私は氷博士です**。

しかし、そんな氷博士でも次の日、同じ場所、同じ入れ物だったにも関わらず氷はできませんでした。

「おっかしいなあ。」

と眉間に皺を寄せながらぶつぶつつぶやくGさん。周りをキョロキョロして、周囲の子たちの様子を確かめ始めます。この後も彼女の氷作り実験は続いていきました。

## 「遊びながら学ぶ」を生んだ要因

季節ならではの遊びの発見、それは春夏秋冬といった四季に対して適切な関わりができるようになり、くらしを豊かにした姿だととらえることができます。季節遊びの実践は国語のひとり学びと同じようにオープンワールド型の学び方だと言えます。そこには多様な自己選択・自己決定の機会があり、その自由度の高さゆえに子供たちは楽しさを感じ、遊びに没頭していきます。実際に本単元でも子供たちは氷作りに影遊び、風遊びと様々な活動に没頭していきました。

国語科のひとり学びの事例はあくまで物語という仮想世界を舞台にどう楽しむかですので、活動場所は教室、広くても体育館や校庭の一部です。しかし、季節遊びの舞台は現実世界です。その中でのそれぞれの季節を具現化する動植物や自然事象などの具体物を対象とします。ですから、事例のように活動場所も選択することができ、より自由度が高いと言えます。その分、教師が仕掛けを加えて、どのように焦点化するかが極めて重要になります。それによって、ただ遊んで終わるか、遊びながら学びを深めていけるか左右されます。

今回Gさんを含め、子供たちが遊びながら学びを深めることができたのは、第一に「**年間を通しての仕掛けと仕込み**」が功を奏したのだと考えています。子供たちの姿にあったように、単元当初「これまでと違って遊ぶ対象が見つからないこと」に困惑します。確かに冬は、他の季節と違い遊べるような自然物や自然事象があまりありません。そもそもこういったことに気付くこと自体すばらしいことです。こういった気付きが見られたのは、これまでの季節遊び単元で、探検や調査を通して季節らしいものを見付け、見付けたその季節らしい物や事象を生かした遊びを自分たちで考えてきたからです。それは、身近な自然のものを取りためておくコーナーを教室に常設したり、探検や調査といった活動を繰り返し行ったりと単元の内外に仕掛けを施したことで、身近な季節の自然物や自然事象に着目してきたからだと考えています。また、そういった学習経験を同じ学習過程で夏でも秋でも行ってきたこと（＝単元構成の工夫）によって、見通しや目の付け所（対象に迫る着眼点）をもって取り組めたことも大きな要因でしょう。

そして、そのように主体的に活動してくる中で、季節のものを使って工夫して遊ぶと楽しかったという手応え感覚や季節と仲良くなれた、季節博士になれたという達成感が仕込みとなって働き、粘り強く取り組もうとするGさんの発言につながっていったのだと解釈しています。単元構成に類似性をもたせることで、子供たちは前の学習経験を生かしやすくなります。ただ、同じ単元構成であっても、対象は違いますから気付きや発見は広がっていくわけです。そのために、教師が教材研究によって対象を深く理解し、教材的価値と教科の目標を重ねながら単元の道筋を多様に構想していくことが求められます。

| | ねらい | ポイント |
| --- | --- | --- |
| 春 | 五感を使って春遊びを思う存分楽しむことで、その時期にしかできない季節遊びがあることに気付く。 | ☆季節への理解<br>☆季節遊びは楽しいという思いの醸成 |
| 夏 | 夏といった季節の特徴を考え、その特徴を活かしながら遊んでいく。<br>※協働的な遊びになるように環境設定を工夫する。<br>※夏と梅雨を一体的にとらえる。 | ☆季節の特徴にあった遊びを行うと楽しいということに気付く。<br>☆協働の遊びを行うことで、学び方を学ぶ |
| 秋 | たくさんの秋の素材の特徴を活かしながら遊んでいく。自分なりの「季節」への思いを育めるようにする。 | ☆素材の特徴を活かしたり組み合わせたりして遊び。<br>☆自分なりの季節感の醸成 |
| 冬 | これまでの経験を活かし、一見遊ぶ材料が少ない季節であっても、自分で工夫して活動することで楽しめるようになる。 | ☆既習や経験を生かして、自分なりの方法で暮らしを豊かにしていく。 |

▶季節遊びのねらいとポイント系統表

私は季節遊びの系統性について右のように考えています。比べてみたとき、やはり冬と適切に関われるようになることが一番難しくなりそうです。そこで、そこをゴールに見据えつつ目標を設定し、仕込みと仕掛けを考えていきます。

この年間を通した仕掛けと仕込みの考え方は生活科以外の教科でも同じことが言えます。学んだことを新たな足場として対象にアプローチしていく。その中で、新たな知見を得たり、より効果的なアプローチの仕方を見付けたりしていく。これがまさに学習が積み重なるということだと考えます。

また、子供たちの見取りをもとにした環境構成も適切に働きました。下の写真のように、毎時間子供たちの振り返りをもとに

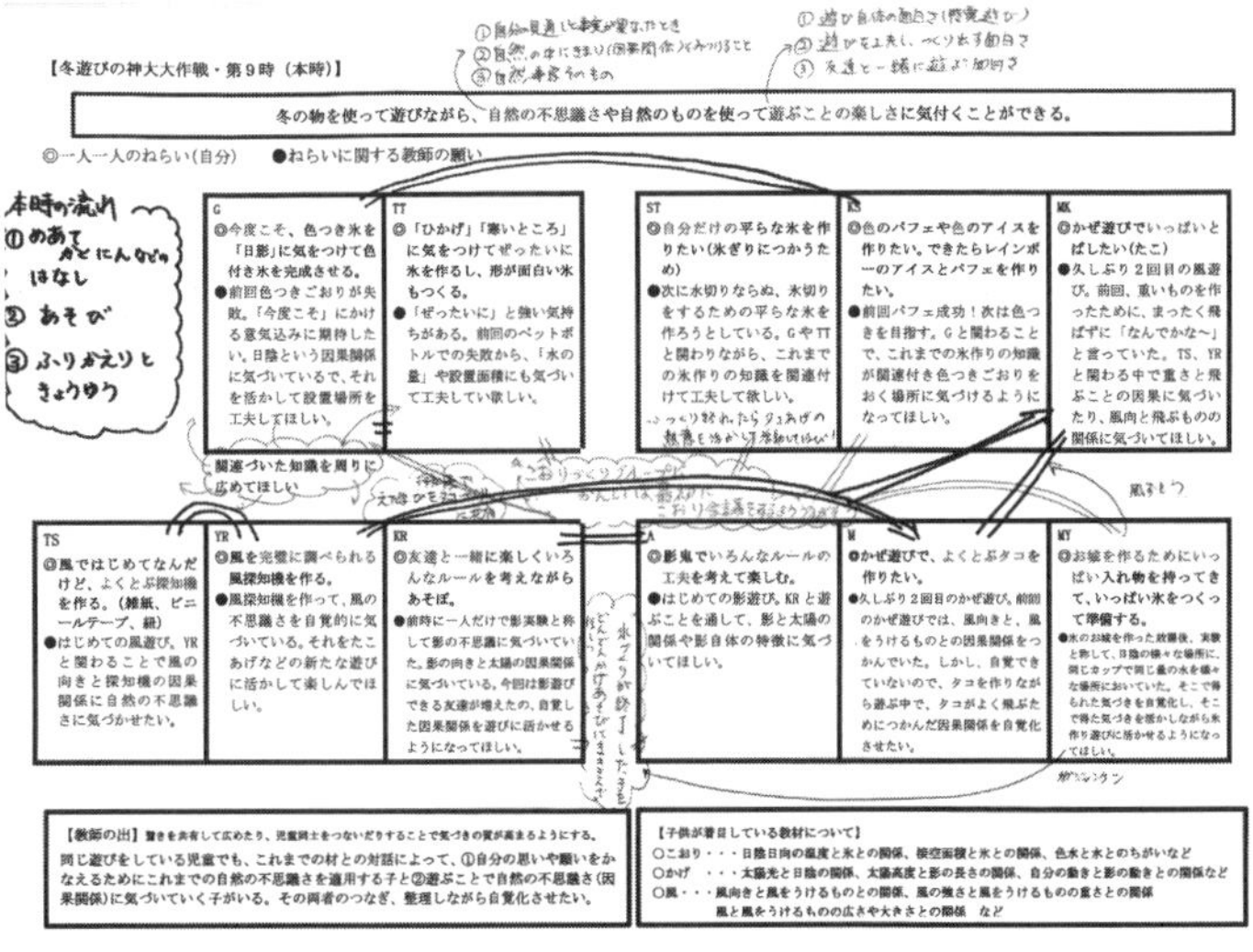

▶冬遊びの個別支援表

簡単なメモを作成しました。そして、子供たちの願いがどのように表れているか言葉をもとに考えていき、他の子の学びとつながっていないか、その子の願いが実現するためにどのように学習環境を構成していくべきか考えていきました。

例えば、氷作りの場合は、活動スポットを焦点化するために、校舎裏にブルーシートを敷き、作戦会議が行えるようにしました。他にも先ほどの記録をもとに材料を子供たちと相談するなどしました。そうすることで、友達と自然とつながったり、適切な場所で十分な道具を使用したりしながら活動に取り組むことができたのだと感じています。

## 学びの後日談

さて、Gさんはその後どのような学びを積み重ねたのでしょうか。同じ条件で水が凍らなかったことに納得がいかないGさん。お家でお母さんに相談してきます。そして、「あのね、氷はマイナスが大事なんだよ。マイナスってゼロより下ってこと。ほら、冷蔵庫の冷凍庫もマイナス何度とかいうじゃん。それでね、これってね、何と天気予報で教えてくれるのね。だから、ぜったいぜったい氷を凍らせるためにも、四時の朝から始まっている天気予報をやる番組を見て、チェックして、マイナスの日がチャンスだから、その日にやる。朝起きるの、がんばる。」
と発表します。実際には、「それなら学校でチェックしよう」と他の子たちが提案し、朝、翌日の天気予報（主に気温）をチェックする時間が生まれました。Gさんは、天気予報チェック係として、その後も毎日天気予報を見て、氷作りにチャレンジする日を決めながら氷作りを行いました。そんなGさん。単元終末では、次のように振り返っていました。

**本物の氷博士になれました**。それはたくさん氷がつくれたからです。調査もいっぱいしたし実験もいっぱいしました。そのおかげです。氷の！や？がたくさんあって、それは…（中略）…**冬は何もないつまらない、ただ寒いだけの季節だと思ったけど、違いました。とってもとってても楽しかったし、冬と仲良くなれたってこと**です。でもそれは、私たちがレベルアップしたからって思います。また、春が来たら今度はレベルアップ春遊びをしたいです。

# 国語科

## 「物語文単元：おおきなかぶ（みんな学び）」

「おおきなかぶ」は、いわゆる入門期と言われる1年生の6～7月頃の教材である。だからこそ、幼児期の学びとの接続を考えながら単元を構成した。

単元全体を貫く学習活動には、子供たちと考え、劇遊びを設定した。「劇遊びをもっと本物っぽくしたい」とする子供たちの思いや願いを受けて、叙述や挿絵をもとにしながらより本物の世界に近付けるためのポイントを全体で話し合ったり、実際の劇遊びから見つけたりした。

なお、単元全体の構成としては、クラス全員で劇あそびを行ったり、改善点や工夫点を話し合ったりする「みんな学び」と一人一人が思いや願いの実現に向けて、自分の学びたいことを自由に決めて行う「ひとり学び」が1単位時間内や1時間ごとに交互に繰り返される構成にした。ここでは、特に「みんな学び」の様子を記す。

- **楽しく「なる」**

  劇遊びには、模擬遊びの要素が内在している。

- **強制感を感じにくく「なる」**

  自分で演じたい役を選んだり演じ方を考えたりする。
  小課題を自分たちで設定する。

- **文脈に「なる」**

  劇遊びを本物（物語）の世界に近付けるという大きな課題のもと、小課題を設定していくことで文脈が形作られる。

## 「遊びながら学ぶ」子供の姿

授業場面は、大きなかぶの単元中盤、単元全体の学習課題となる「劇遊びを本物にする」という目標に向かって、深めていく場面に当たります。

授業の導入で、子供たちは前時に教師が撮影した劇遊びの動画を見ながら、自分たちの劇遊びについてストップモーション式で振り返っていきます。

「う～ん、なかなかいいな。」

「○○くん、本物のおじいさんみたい。」

最初に聞こえてきたのは、自分たちの行う劇遊びに対する賛辞でした。子供たちは自分たちの劇遊びに対して満足しているように見えます。ですが、おじいさんがかぶを抜く場面で「ストップ！」と多くの子の手が挙がりました。

「ここだよここ。おじいさんの顔見てみて。笑ってかぶを抜いてるのおかしくない。おじいさんは大変だったはずなの。だって、こんなに大きなかぶだよ。みんなだったら、どう。」と実際にあるかぶの劇グッズを見ながら説明を始めたSくん。夢中になって教室前方に出てきます。

「あのさ、ちょっとやってみるから見てて。いい。こんなに大きなかぶだよ。」

と、実際に演じながらクラスに語りかけます。

「しかも、抜けないよね。だから、もっと力を入れて、ほら絵もね、顔笑ってないでしょ。」

みな教科書をめくり始めます。「本当だ。」というつぶやきも聞こえてきました。Sくんの発言に続くように、様々な意見が出ました。

「『うんとこしょ。どっこいしょ。』の言い方が力が抜けてるから力を入れる。」

「『あまいあまい』ってところは、もっと優しい感じで読むといいんじゃない。」

などの会話文の読み方に関する意見。

「種をまくっていうのは、植えることで、パラパラしちゃだめ。」

「終わった時に、もう喜び爆発って感じだから、やった〜ってする。」

などの動きに関する意見。

「おじいさんがおばあさんを呼ぶとき、もっと本物っぽくできる。」

などの書かれていない行間に関する意見。

様々な意見をまとめていく中で、**劇遊びをもっと本物にしていくために、「会話文の読み方（セリフの言い方）」「表情」「動き」をどうするか絵や文章から考えるとよいとまとまっていきました。**

## 「遊びながら学ぶ」を生んだ要因

「今日も劇遊びしようよ。あれ、すごく楽しいんだよ。」

そんな言葉が単元中、子供たちの口から何度もとび出してきました。単元を通して、模擬遊びの要素を含む劇遊びを行うことで、子供たちはとても楽しそうに活動をしていることが分かります。のみならず、本時の様子から分かるように国語科としての学びも深まっていきます。それは、子どもたちが「動き」「会話文（セリフ）」「表情」を工夫のポイントと導き出したことからも明らかです。

このような、授業での子供たちの遊びながら学ぶ姿はなぜ生まれたのでしょうか。一番のポイントは、**教材と活動に教師の指導性を埋め込んだこと**にあったと考えています。おおきなかぶという教材で劇遊びを行うことによって、この子供たちが遊びながら学ぶ姿が生まれたのです。低学年の場合、物語文で育みたい資質・能力（思考力、判断力、表現力等）としては、

・「どんな場面か」「誰が何をしたのか」「誰がどのようなことを言ったのか」
・「人物の具体的な行動の様子」「その行動をした理由」

を考え、理解することが挙げられます。おおきなかぶは、そういったねらいを具現化するのに適した教材です（教科書と指導要領の関連上、ある意味で当たり前のことではありますが）。それは、中盤から後半にかけての登場人物の行動が、「誰かを呼んでくる→かぶをぬく」の繰り返しであること、「会話文が『うんとこしょ、どっこいしょ。』のみ」であることなど、人物の行動や会話が非常に捉えやすいからです。しかし、次なるかぶの抜き手を呼んでくるときの会話や、かぶが大きくなったときのおじいさんの細かな行動や心情、何度もかぶを抜こうとする際の行動や心情の揺れ動き（接続語で表現）といった「文学的空所」も数多くあります。空所があるということは、教材という視点でみたときに大きな価値になり得ます。空所という隙間によって考える余地が生まれるからです。空所を埋めるために考えることは物語世界を豊かに想像することだと言えます。

そうした国語科のねらい、教材特性を重ねて考えたとき、授業で考えたい基本的なことは次のようなことです。

・「うんとこしょ。どっこいしょ。」の話者の特定。（誰がどのようなことを言ったのか）
・登場人物はどのような順番で出てくるか。（場面の内容把握）
・登場人物の行動と様子。（誰がどのようなことをしたのか、またその具体的な様子）

こういった教師側のねらいが子供たちにとって必然性をもって立ち上がってくるようにするための仕掛けとなるのが、本単元で言えば「劇遊び」でした。劇遊びとは、登場人物の行動や様子に着目して、身体表現や表情、音声を使って表現する活動です。ですから、劇遊びをしようとすることで、自然とねらいは達成されていきます。

劇遊びをするためには、役決め（登場人物の確認）やセリフ決め（話者の特定）をする必要があります。劇遊びをするために準備することを通して、内容の大体を把握していると言えます。また、劇遊びは身体表現がメインとなりますから、本時のように子供たちが自ずと「動き」「会話文（台詞）」「表情」に着目したのにも納得がいきます。

このように、**劇遊びはおおきなかぶの教材の特性とマッチする活動であると共に、国語のねらいに自然と着目できる活動**なのです。だからこそ、本時のような遊びながら学ぶ姿が生まれていったと考えます。そしてそこには、教師の明確な意図性と仕掛けが存在します。劇遊びをするといったとき、すぐ劇遊びができるようにお面を作り、会話文の話者特定を予め教師が行うことはないでしょうか。教科のねらいと教材、そして活動を一体的に考えたとき、実は劇遊びの準備をすることこそが教科の本質に迫る学びだと言えます。

また、「役決めや台詞決めをする」「スラスラ読めるようになる」「誰がどんな順番で出てきたか考える」「登場人物の動き、会話文、表情に着目する」というような子供たちから立ち上がってきた課題は、「劇遊びをもっと本物にしたい（楽しくしたい）とする」といった目的をもとに成立しています。そこでは、劇遊びと言う大きな課題をもとに小課題が立ち上がっており、まさに子供たちにとって目的を達成するための連続的なストーリーが生まれていることが分かります。つまり、単元構成により子供たちが学びに向かう文脈を形作られたのです。さらには、劇遊びをするということは、全体で行うにしろ、グループで行うにしろ、個人で行うにしろ、ナレーターも含め自分がどの役をしたいか選ぶことができます。まさに自己選択によって強制感を感じにくく「なる」要素も含まれていると言えます。

**遊びながら学びが深まっていくためには、教科の目標を常に念頭に置き、そこから逆向きに考えて授業を設計することが大切**です。その中で、どのような活動こそが教科の本質に迫っていくのか見極め、そこに教師の指導性を埋め込んでいくことが求められます。

## 学びの後日談

「動き」「表情」「会話文の読み方」に着目した子供たち。その後、着目したことを個々人で考えることはもちろん、疑問を焦点化して、みんなで考えていきました。

例えば表情では、左下のワークシートようにおじいさんの表情に着目しておじいさんの表

情の変容を読み解いていきました。ある子は、

「繰り返し何度もぬくからきっとおじいさんはすごくすごく大変だったと思うんだよ。しかもね、いつも同じ大変じゃなくて、おじいさんはね、疲れるでしょ、だからどんどん大変になるんだよ。」

と言っていました。この子は目や口でおじいさんの大変さを表現するだけでなく、汗を描いたり、顔に色を塗ったりしながら表情の違いを表現していました。他にも、

「植えるときはニッコリだね。で、出来たときは驚きとニッコリ。最後はちょうちょうちょうニッコリ。だってやっと抜けたんだから。」

と言って、同じ嬉しい喜びであっても程度が違うことに気付いている子もいました。また、「うんとこしょ。どっこいしょ。」と言う会話文の声の大きさについてもワークシートを用いて焦点化して読み深めていきました。

このように劇遊びを本物っぽくするという目的の中で出てきた工夫ポイントをさらに焦点化して扱うことで、より国語科のねらいに迫っていき、さらに劇遊びも洗練されていきました。それによって子供たちが満足感や達成感を抱いたのは言うまでもありません。

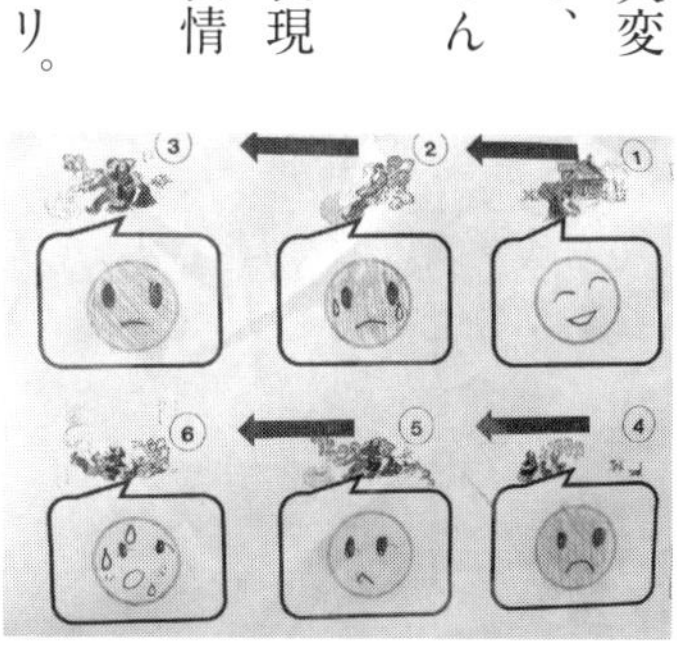

▶おじいさんの表情を考えるワークシート

# 国語科

## 「物語文単元：おおきなかぶ（ひとり学び）」

教材は、先ほどの実践と同じ「おおきなかぶ」である。先ほどの実践とは異なる子供たちとの授業だが、この年も「劇遊びを本物のおおきなかぶの世界にする！」と類似する課題が立ち上がり劇遊びを行うことになる。

単元は、劇遊びとその課題を話し合う「みんな学び」と劇遊びをよりよくするために個別に取り組む「ひとり学び」で構成される。みんな学びとひとり学びの関係としては三宅・白水の提案する「知識構成型ジクソー法」の学習モデルを援用している。

ここでは、「ひとり学び」に焦点化して記述する。

●**楽しく「なる」**

模擬遊びの要素を含む活動を中心としながら、創作による創造遊びも活動によっては含まれている。

●**強制感を感じにくく「なる」**

オープンワールド型の場合、活動や学習方法、学習量などほとんど全てを自己選択・自己決定することができる。

●**文脈に「なる」**

ひとり学び自体が、劇遊びをよりよくするために取り組まれている活動であり、みんな学びでの自身の課題がひとり学びの課題となり、課題解決したことがみんな学びに生かされ文脈が形作られていく。

## 「遊びながら学ぶ」子供の姿

本単元での、メインの活動は「劇遊び」です。役決めにセリフ割り当てを行うなど、劇遊びの準備をして、早速一回目の劇遊びを行いました。

「うんとこしょ。どっこいしょ。」

お話しがすすみ、繰り返されるたびに、どんどんみんなの声が重なって教室に響きます。

「とうとう、かぶはぬけました。おーしまい。」

一回目の劇遊びが終わり、みんな楽しそうです。しかし、感想を聞いてみると、ただ楽しいだけでなく、一人一人解決したい問題が湧いてきていました。

「ぼくね、お話する人だったんだけど、全然スラスラ読めなかった。もっとスラスラ読んで、かっこよく読みたい。」

「あのね、動きがね、そのままでね、全然おじいさんっぽくないんだよね。」

「これね、かぶをね、抜いたのはいいんだけど、その後どうしたのかなって気になった。」

「劇見てて、誰が誰だか分からなかった。」

同じことをしても子供たちの気になる所ややりたいことはバラバラです。でもどれもとても面白い着眼点でした。そこで、話し合う中で出てきた「劇遊びを本物のおおきなかぶの世界にする！」という思いや願いの実現に向けて、それぞれ課題を解決したりやりたいことに取り組んだりする、「ひとり学び」を行っていきました。

この単元では、やりたいひとり学びとして次のような意見が出ました。

・スラスラ読めるようになるために音読練習をしたい。
・劇練習を一人でもじっくりしたい。
・お面や劇グッズを作って誰が誰だか分かるようにしたい。
・お面や劇グッズを作って、もっと登場人物になりきりたい。
・かぶ以外にも場所の絵とか、種とかつくっておおきなかぶの世界にしたい。
・かぶがぬけた続きのお話しをかきたい。
・セリフが少ないからもっとセリフを付け足したい。

一時間の中で授業前半は、みんな学びとして劇遊びをしたり改善策を話し合ったりしつつ、授業後半にひとり学びを行っていきました。ここでは「音読練習」「劇グッズ作り」「絵本作り」でどのような姿が見られたか紹介します。

音読が上手になりたいと願いをもった子供たち。最初は個人で音読練習をしていました。しかし、そのうち、

「一緒に読む練習しようよ。」

と、何人かで集まって読み合ってアドバイスをしていました。一文ずつ読んだり、声をそろえて読んだりしています。さらに、

「ここ（会話文）とここ（地の文）で読み方は違う気がするんだよ。」

とある子がひとり学び後に、話しかけてくれました。詳しく聞いてみると、

▶一緒に音読練習する子供たち

「こっちは人が話している会話文でしょ、なんか気持ちがこもってる感じに読める！」

と、気付きました。そのことを取り上げ、「気持ち読み」と名付け、音読の工夫の視点の一つにすることにしました。

ある子たちは、劇がより本物になるように劇グッズを作り始めます。最初気になったのはかぶの種。ある子が、

「わたし調べてくる。図書室に行ってくるね。」

といって図書室にとんでいきました。図書室の先生に聞きながら図鑑を調べ、

「やった。みんな見つけたよ!!」

といって喜び勇んで帰って来て、図鑑を見ながらすぐにかぶの種を作っていました。できたかぶの種は次から劇グッズとして使われることになります。

その後、この種をきっかけに劇あそびの際にかぶの種がとても小さいこと、そしてとても大きなかぶになったことに疑問をもつ子がいました。みんな学びで考える内に、おじいさんのセリフに着目し
「『あまいあまい、おおきなおおきな』って繰り返しているから、すごい大きなかぶになったんだ。」

と発言した子がいました。さらに、

「思いが伝わったってことだ。」

と確認する子がおり、続いて、

「だったらもっと、気持ちを込めて、ゆっくり読んだ方がかぶに気持ちを伝えてる感じがす

▶かぶの種を調べる子供たち

るんじゃない。」
と発言が続き、繰り返しの効果や読み方を工夫するとよいことに皆が気付いていきました。

ある子たちは、お話の世界をふくらませるべく「題名替え」や「セリフ作り」、「続きのお話作り」に取り組みます。さらに、それを活かして自分だけのオリジナル絵本を作っていました。教科書をコピーしたものに付箋紙で台詞を付け足したり、新たなページを付け足したりする子もいれば、視写して文章も絵も全てオリジナルという子もいました。ひとり学びを共有した時に、これは面白いものができたということで、全体の劇あそびでも自分たちが考えた台詞を増やしてより面白くしていきました。題名や続きのお話は何人も考えたので、みんなで読み合い、投票して一つのお話にまとめていきました。続きのお話ができたことで、そこから劇グッズグループが新たなグッズを作ったり、音読グループがその部分の読み方を工夫したりする様子も見られました。

▶続きのお話を考える子供たち

## 「遊びながら学ぶ」を生んだ要因

子供たちの姿からそれぞれひとり学びに取り組む中で、楽しく遊びながらも学びを深めていったのが分かります。

その一番の要因は、「オープンワールド型」の学び方を取り入れたからだと考えています。オープンワールドとは、コンピュータゲームの用語で、ゲーム（仮想世界）内でプレイヤーが定められた攻略手順通りにプレイするのでなく、自由に探索しながら攻略できるように設計されたゲームデザインのことです。今回の実践でいうと、「劇遊びを本物のおおきなかぶの世界にする！」という目的だけは共有していますが、そこから先は、自分なりの方法で解決していくことが求められます。この方法だと子供たちは、「おおきなかぶ」という材を使って、その世界の中で自由に遊び回ることができます。その世界の中であれば、劇グッズを作っても音読練習しても、絵本を作ってもいい。また、同じ絵本作りであっても、視写をしてもいいし、セリフを付け足しても続きのお話をつくってもいい。そして、好きなだけその活動に取り組むことができる。教材も学習方法も学習量も自己選択・自己決定できる。この自由度の高さがひとり学びでのめり込むように活動する子供たちの姿を生んだのだと推察できます。

オープンワールド型の特徴として全ての仮想現実世界が全てつながっていることが挙げられますが、本単元でもその「つながり」は随所に見られます。例えば、かぶの種を作ったこと（ひとり学び）で、おじいさんの行動や心情へ着目していき、演じ方が変わる（みんな学び）。さらにそれは、おじいさんのセリフへの着目を促し、またひとり学びへと還元されていく（ひとり学び）。目的意識に起因するものもありますが、このようにひとり学びで学んだことがみんな学びともつながります。さらに、ひとり学び同士が関連し、相互い高め合っていくこともあります。活動中は教室の中でグループごとにまとまったり、個人ごとに活動したり、ある子は動きながら練習したり、ある子は地面にねそべって、かいていたりとさながらオープンワールドなみの自由な形態で学んでいきます。ですので、意図的に教師が交流の場を設けなくとも、その場は自由で移動可能でシームレスな状態ですから子供たちは自由に交流し始めます。

例えば、この単元では劇グッズを作っていた子が、おおきなかぶを収穫して料理を作って食べるという続きのお話を書いていたある子の文章を見て、「ぼくがこのお話に出てくるお鍋とかぶシチューをつくってあげるよ。」と言って劇グッズを作っていくことがありました。他にも、劇練習をしている子が、音読練習をしている子たちのチームを見て、「ちょっと、ぼくたちとコラボして練習しよう。」と誘ったりしていました。そこには、自分たちで主体的に協働しようとする子供たちの姿が見て取れます。これもオープンワールド型のひとり学びがもたらす効果だと言えます。

国語的に見てもこの子供たちの姿は価値ある姿だと考えています。それは、オープンワールド型の学びを展開する中で、登場人物になりきったり、場面の様子を具体的に描いたりしながら、物語世界に入り込み、豊かに想像を広げているからです。劇グッズも絵本を作ることもこの物語世界に入り込むためのその子なりのスイッチとしての役割を果たしています。しかし、**自由度が高いのはいいことばかりでなく、学びが拡散する可能性も孕んでいます。だからこそ教師が活動における学びどころを意識して間接的な手立てを講じたり、直接的に子供たちに働きかけたりしていくことが大事**になります。

例えば、劇グッズを作ること自体にも登場人物になりきって、物語世界に入り込み、より豊かに深く味わうという効果があります。しかしだからといって闇雲に作っても国語の学びとしては深まっていきません。だからこそ、言葉や文章の叙述を吟味しながら作るように仕掛けていく必要があります。

**第一の仕掛けは活動そのもの**にあります。どの活動も物語やその劇化といった視点から始まるので、どのような活動にしろ、自ずと物語を豊かに想像することにつながっていきます。

台詞作りや音読はその好例と言えるでしょう。そこには、自ら言葉の学びにひた走ろうとする姿が見て取れます。ただ、このオープンワールド型の世界に入って言葉の学びへと向かおうとするだけでは不十分です。そこで歩みを加速させるための第二の仕掛けが必要です。

**第二の仕掛けは焦点化するための声かけや活動例の提示**です。例えば、おじいさんの変身グッズを作る場合、服を作るのか、髭を作るのか。「何を作ればおじいさんだとみんなに分かってもらえるのか」という視点一つで「おじいさん」という言葉に対する理解が深まっていきます。また、お面作りだと「どの場面の顔を作っているのか」問うだけで、お面を作る登場人物の場面ごとの表情の違いを文章の叙述から考えていくようになります。他にも劇グッズと関連して場面絵を作るという活動も提案してみることで場面の様子を叙述をもとに具体的に思い描けるようになるでしょう。

そういった仕掛けを設定するためには、次ページの表にあるような表現活動の機能（目的・対象・方法）と特質を事前に思い描き、適切な環境を準備する必要があります（表現活動の機能については、國學院大學の田村学先生がご講演でお話されたことを援用しています）。例えば、お面作りと言う劇グッズを想定した時、真っ白い一枚の紙ではなく、「目・口・鼻・眉」などを抜いた登場人物の顔を準備するようにしています。そうすることで、お面作りで表情に着目でき、国語の学びは深まっていきます。

このように**想定される活動の機能や特質を明らかにし、国語のねらいと重ね合わせて考えることで、適切な仕掛けを設定できるようになり、自由に学びながらも一人一人思い思いの方法で遊びながら国語の学びを深めていくことができる**と考えています。他にも、その活動自体が「劇遊びをおおきなかぶの世界にする！」という目的に向かっているかについて振り返る機会を設けたり、個別指導で一緒に考えたりすることも大事です。そういった振り返りは、ひとり学びを始めとした個人学習の次なる仕込みとなって働き、試行錯誤しながらも子供自ら学ぶことができる素地を育んでいきます。

## ステージ型のひとり学び

本単元では、オープンワールド型の劇遊びに取り組みま

| 表現活動 | 機能（目的） | 機能（対象） | 機能（方法） | 特質 |
|---|---|---|---|---|
| 劇グッズ作り（お面） | 登場人物になりきるため | 場面ごとの登場人物の表情を | 文章の叙述と関連付けながら作る。 | 場面ごとに人物の表情を視覚化する。 |
| 劇グッズ作り（お面意外） | 登場人物になりきるため | 登場人物や登場する物の特徴を | 文章の叙述と関連付けながら作る。 | 物語世界の物を視覚的に表現する。 |
| 続きのお話作り | 作品世界を広げてもっと面白くするため | 物語の続きを | 物語の内容や構造と関連付けながら絵や文字で書く。 | 構造や内容をもちにして、想像を広げる。 |
| セリフ作り | 登場人物の言動をもっと詳しくするため | 登場人物の言いそうな言葉を | 物語の内容や登場人物の特徴と関連付けて文字で書く。 | 行間を想像する。<br>人物の特徴を明らかにする。 |
| 音読（スラスラ読み） | 劇あそび中にスラスラと読めるようにするため | 物語で書かれてあることを | 言葉の区切りや句読点に気を付けながら読む。 | 物語世界を理解する。 |
| 音読（気持ち読み） | 登場人物になりきるため | 鍵括弧で書かれたセリフを | 登場人物の心情に関する叙述と関連付け、声の大きさやトーンに気を付けながら読む。 | 人物の心情を想像する。 |
| 音読（工夫読み） | 場面や登場人物の様子をより分かりやすくするため | 自分が工夫したい言葉や文を | 工夫しながら読む。 | 言葉に着目しながら登場人物や場面の様子を想像する。 |
| 関連読書 | 作品世界に対する理解を深めるため | シリーズ物や物語の内容・構造が類似した作品を | 劇あそびの対象作品と比べながら読む。 | ある物語と違う物語の登場人物の特徴や物語の内容や構造と関連付けて想像する。 |
| 場面セット作り | 劇を行うときの立ち位置や物の配置を理解するため | 登場人物や登場するものわ | 何かに置き換えて、俯瞰して捉え、実際に動かしながら理解する。 | 俯瞰しながら人物の行動や位置、表情を想像する。 |

▶表現活動の機能（目的・対象・方法）と特質の一覧表

したが先述したようにステージ型として取り組むことも可能です。算数「かたち遊び」の事例（後述）で見られるように、単元内自由進度学習のようにするということです。

違う年の「おおきなかぶ」では、ひとり学びをステージ制で行いました。その際にひとり学びのガイダンスプリントを下のように作成しました。これは、学習計画時に子供たちが行いたいひとり学びを話し合い、それをレベル別に整理する形でまとめていきました。またグループごとの活動スペースにガイダンス表示をするといいように環境構成の工夫を凝らすことで、より直接的に教師の指導性を発揮できるようになります。自由度の高さは失われてしまうものの、教師の指導性を埋め込みやすくなり、学びは焦点化されていきます。また、それぞれのステージをクリアする収集遊びの要素に楽しさを見いだす子も出てきます。

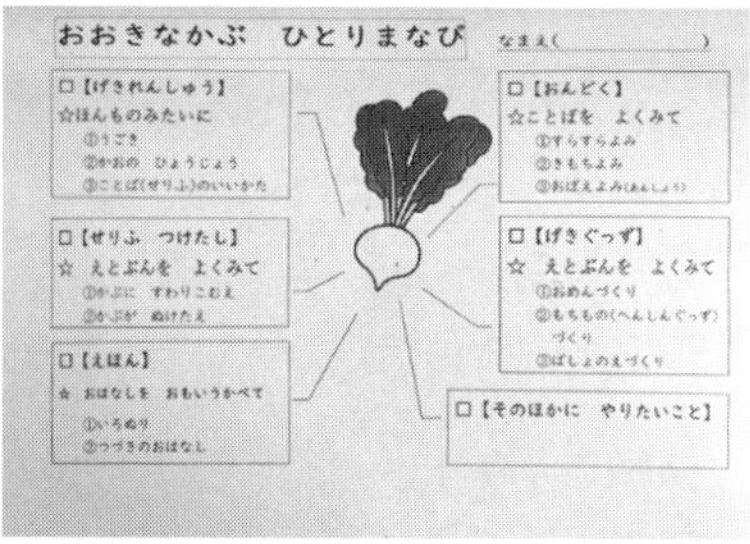

▶おおきなかぶ・ガイダンスプリント（概略版）

# 国語科

## 「説明文単元：くちばし」

くちばしは、小学校に入学して初めて学ぶ説明文である。三種類の鳥のくちばしについて問答形式で説明されており、クイズに答えるような楽しい気持ちで読みすすめることができる。

初めて出会う説明文であるからこそ、説明文からクイズ作りや図鑑作りに自然と目が向くように物語と対比する導入を行い、学習計画を考える時間を大切にした。

その後、活動を行う中で、問いと答えの構造はもちろん、情報の取り出し（書き抜き、語形変化）が意識できるよう、クイズ図鑑作りという活動を行った。さらに、次の教材との接続も意識しながらオリジナル鳥を考えることを通して、事柄の順序にも着目できるように単元を構成した。

- **楽しく「なる」**

  図鑑を作ること自体が創造遊びや模擬の遊びの要素を含む。また、図鑑のページを作りためていく行為は、収集の遊びの要素も内在している。

- **強制感を感じにくく「なる」**

  図鑑を作るためにオープンワールド型とステージ型の折衷形式で対象（鳥）について調べるなど学習方法の自己選択・自己決定の機会の設定している。

- **文脈に「なる」**

  図鑑を作るという大課題に向かって、解決方法（小課題）を考え、試していくことで文脈を形作っている。

## 「遊びながら学ぶ」子供の姿

本時は、単元導入の一時間目。そして小学校で学ぶ説明文の記念すべき一時間目の授業でもあります。それまで二つ続けて物語文を学習した子たちは、

「先生、パンダさん教科書（令和二年度版光村一年上）をちょっと見ちゃったんだけどね、次はくちばしのお話らしいんだよ。みんなには、秘密ね。」

と、お話、つまり物語を学ぶものだと思っていました。そこで、私はあることを考えます。

そうして迎えた第一時。くちばしの本文を読む前に、

「はなのみち楽しかったね～。」

と言って、はなのみちの学習の思い出を振り返るところから始めました。そして、くちばしを読み聞かせました。そうすると、

「くちばしってすごい！」

「こんな鳥がいるんだね」

とつぶやく子たちいる一方、顔を見ると不思議そうに唇を尖らせたり、眉間に皺がよっていたりする子たちがいました。その子たちを見つつ、

「どうだった？」

と尋ねました。鳥のくちばしに関する発見や驚きの次に、

「何だか、はなのみちとは違う感じ……」

という意見が出ました。たちまち「そうそう」「え、だってさ、」というつぶやきが聞こえてきます。挿絵を提示して話し合うと、

「お話っぽくないんだよ。これは、本当にあったことだから。」

「見てごらん、絵じゃなくて、写真でしょ。だから本当の世界のことなんだよ。」

「お話しというか、観察って感じ。観察ってよく見て説明することなんだけど。」

「あのさ、きっとこれは図鑑なんだよね。図鑑も写真があるし、いろんな説明があるでしょ。」

**子供たちにとっては、『本物で、写真で、観察で、説明だから図鑑なのだ』**と言うことでした。だからこそ、「くちばし」でやりたいのは、図鑑作りだったり、鳥調べだったり、くちばし作りでした。

その中でRくんは、

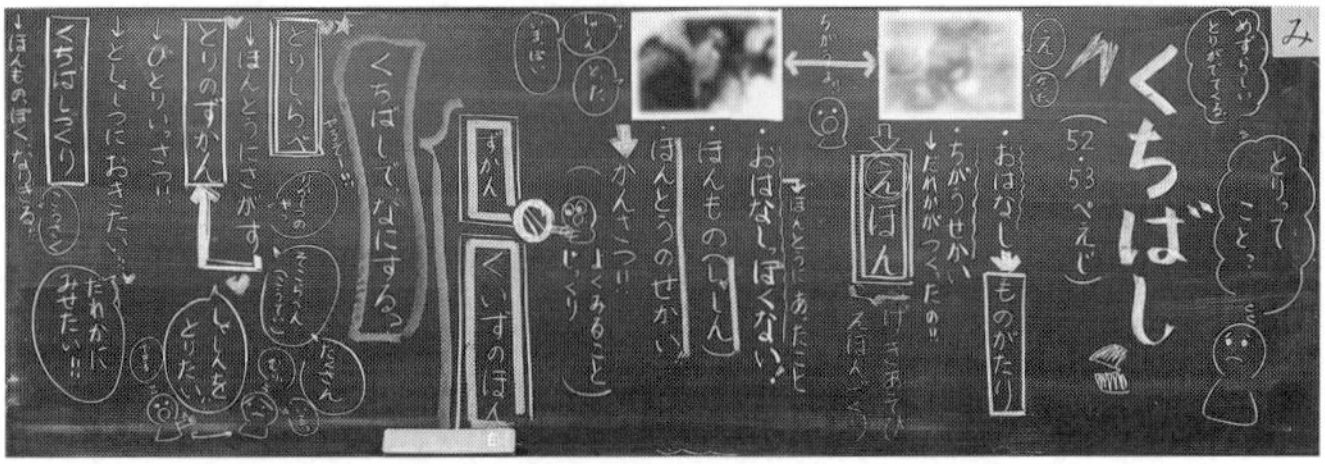


▶説明文「くちばし」の導入授業の板書

「鳥だったらぼくも知っている。そこら辺にもたくさんいるでしょ。だからさ、捕まえるか近くで見て調べるのが一番いいんだよ。」

と、本物の鳥をもとに鳥調べをし、図鑑を作ることを提案します。皆も賛成し、次の時間本当にそうしてみることにしました。

虫網を準備し、タブレット（カメラ）を持って外に出ます。子供たちはどんな鳥がいるかなと胸躍らせています。しかし、残念ながら彼の企ては上手くいきませんでした。そもそも鳥がいません。いたとしても追っかけていったらいち早く逃げてしまいます。遠方から辛うじて写真を取れた子もいました。「撮れた！」と興奮して言う子の写真を見たら、小さすぎて、何の写真かも分かりませんでした。子供たちは、困ってしまいます。

その時間の終末に、子供たちと校庭に集まって作戦会議を開きました。

「本物は難しいよ。速すぎるし。」

「じゃあさ、図鑑で調べたりパソコンで調べたりしたらどうかな。止まってるし、きっと詳しいよ。」

「じゃあさ、次の図書の時間にみんなで図書の先生に聞いてみようよ。」

そうして、図鑑やインターネットで調べて図鑑を作ることになりました。その際に、まずは教科書の事例を使いながら図鑑のページを作ることになりました。

## 「遊びながら学ぶ」を生んだ要因

実際に「鳥調べ」をした一時間は、子供たちにとってどのような意味をもったのでしょうか。私にとってこの時間は、子供たちが「説明文」というものに自分から関わろうとし、試行錯誤した時間だったのだと考えています。初めて説明文と出会った子供たち。言葉から分かるように、まず出てくる鳥たちに魅了されます。そうして、「すごい！面白い！」というドキドキやワクワクを原動力に「もっと鳥を知りたい！調べたい！」「こんな図鑑みたいなものを作ってみたい！」と思うのは自然なことです。さらには、鳥を調べるための方法として子供たちは、身の回りにいる本物の鳥を観察すると言い出します。説明文は物語文と違って本物の世界にある対象を観察し説明したものだと捉える子供たちにとっては、身近にいる本物を探しに行くことはごくごく自然なことだったのではないでしょうか。現にこの後、鳥図鑑を作るとき、人気だったのはオオハシやフラミンゴといった見目麗しい鳥でなく、スズメやカラスと言った身近に溢れている鳥でした。

この子供たちの試行錯誤する様子は、無知な発想によるものではなく、**日常生活と関連付けながら理解しようとしたり、図鑑を作るという行為の本質に迫ろうとする営み**であったりすると私は解釈しました。だからこそ、鳥調べについても見守ることにしました。

結果、上手くはいきませんでしたが、それは鳥という今回の対象の問題であって、それ自体も子供たちにとって大きな学びの経験になったのではないかと考えています。

実際、子供たちは夢中になっていき、本時のような姿が現れてきました。

その一番の要因は、学習したいことを考えるという自己選択・自己決定の機会があったことでしょう。また、これまでにそういった経験を積み重ね「自分たちが考えたやりたいことができる」「自分たちがやりたいことに取り組み、学んでいく」という学びを創り上げていくような姿勢が育まれたからだと言えます。それはまさに、スタカリで入学当初から行ってきた教師の意図的な仕込みが花開いた瞬間だと言えるかもしれません。

また、自分たちで挑戦したいことを決めてやってみるということは、遊ぶ世界に入るスイッチの役割を果たします。国語科と言う「言葉」について学ぶ時間に、説明文という遊ぶ対象を意識し、その中で取り組みたいことを考えていく。今回は鳥という対象の難しさゆえ観察による図鑑作りは上手くはいきませんでしたが、その結果の代替案として出てきた図鑑やパソコンで調べる必然性を生んでいきます。これを教師がいきなり「図鑑で調べます。」と言っても、「え、調べたい鳥は外にいるんだけどな。」と思う子もいるでしょう。でも、先生が言うから仕方なしに言われた通りにやる。その結果、授業は与えられるものになり、先生に指示されたことを忠実にこなすものになっていくのかもしれません。また、学習も現実世界とは別の教科書世界の中でのことなのだと言う誤解が発生し、それは日常生活との分断を生み、教科書に閉じた学びになることでしょう。

必ずしも実現可能なことばかりではないかもしれません。ですが、まずは自分たちの考えた通りに動いてみる。そうすることで、今回で言えば、図鑑作りを通して説明文を学ぶという文脈が形成されていきます。さらに、その根っこには、自分たちがまずは様々に対象に働きかけてみるという主体的な姿勢が育まれるのだと私は考えています。

## 学びの後日談

本物を見たいと願ったRくん。彼の願いは「じどう車くらべ」という説明文の学習で実現します。じどう車くらべの学習計画を考える際に次のように発言します。

「くちばしでも、海のかくれんぼでも、本物を見てやりかったけれど、できなかったでしょ。だから、今度はじどう車だったら見れるから。」

と、本物とのつながりを希求するRくん。彼にとっては、まさに「今度は」だったのでしょう。そして次の時間、歩道に皆で並び、道を行く自動車を見てみることになりました。

「やっぱり、バスは窓がたくさんあるなあ。お客さんもたくさん乗ってる。」

「乗用車っていろんな形があるんだね。」

「トラックって荷台があんなに広いんだね。」

「タイヤが全然違うね。」

と、教科書と比べながら「やっぱり」「本当に」を実感する一時間となりました。ただ、子供たちの興味はそれに留まることなく、どんどん広がっていきます。

「普通の車が多いんだね。」

「救急車が通って、中に何があるか気になった。」

「トラックっぽいけど、荷台じゃなくて、四角いでっかい箱で、何なのかなって。」

「なんのお仕事しているのか分からない車があった。」

一時間も見ていれば、数は少ないながらも乗用車以外の車も通ります。「もっと見てみたい！」と、まだ見ぬ車に対する興味も抱きつつ、

「見て分かったけど、中までは分からなかったから、図鑑で詳しく調べていく。」

と図鑑で調べていくことになりました。

この日のRくん。

「いろんな車があるって分かった。見たらやっぱりよく分かった。中身ももっと調べてすご

い図鑑を作りたい」

と、そう振り返ります。この振り返りを書く前、ニッコリ笑顔で自動車を見ていたRくん。「ほらね、やっぱり、いいよね。」と友達に夢中になって話す彼の姿は、見ているこちらまで嬉しい気持ちさせてくれる、そんな光景でした。

# 国語科

## 「説明文単元：じどう車くらべ」

じどう車くらべは、「くちばし」、「うみのかくれんぼ」に続く説明的文章である。様々な自動車を事例として挙げ、「仕事」と「つくり」といった2つの事柄の因果関係を挿絵とともに分かりやすく説明している。

本単元では、1学期から継続して取り組んできた「図鑑作り」という活動を単元の柱に据え、図鑑を作ることを目的として事例の順序性を考えたり、まとめの文を考えたりするなど、様々な活動に取り組みながら、国語としての学びを深めていけるように単元を構成した。

● **楽しく「なる」**

図鑑作り（オリジナル車ページも含む）にしたことで、図鑑作りごっこといった模擬の遊び、新たなものを生み出す創造の遊び、ページを取りためていく収集の遊びの要素が含まれる。

● **強制感を感じにくく「なる」**

事例①では図鑑にしたい車や取り組み方を自由に選ぶことができ、事例②では事例の車さえも自由に考え、生み出すことができるなど、自己選択・自己決定の機会がある。

● **文脈に「なる」**

どの活動も、自身が思い描く理想の自動車図鑑を作るためといった目的意識をもとにした、つながりのある活動となり、文脈を形作っている。

## 「遊びながら学ぶ」子供の姿①（オリジナルページ作り：マスタリー・プレイ）

本時に至るまでに、子供たちは教科書に例示されている乗用車やバス、トラックやクレーン車のページを教科書の叙述や映像を見ながら作成しています。そうして本時の自分でオリジナルページを作る時間となりました。子供たちは、

「これがね、キーワードって言って大切なことなんだよ。『しごとをしています。』とか『つくりなっています。』とか『ついています。』とかが大事なの。」

というように、それまでの学習で「仕事」と「つくり」が関連していることや、それを図鑑にかくことが大事だと分かっています。だからオリジナルページを作る際も、写真や説明からそれらのキーワードを見付けだそうとしていました。

しかし、同じく図鑑を作ると言っても子供たちの目的意識は様々です。

「わたしは、みんなが知らないようなじどう車のページを作りたいの。」

「ぼくは、本物の図鑑みたいにたくさんページを作りたい。」

「ちょっと自分一人だと心配だから、誰かと分かりやすいやつを作りたい。」

だからこそ、それぞれの思いが叶うようにコース別に取り組めるようにしました。

①いっしょにコース…グループで同じ自動車を選び、教師と一緒に作っていく。
②えらぶんだコース…六種類の中から自動車を選び、自分でページを作っていく。
③オリジナルコース…本の中から好きな自動車を選び、自分でページを作っていく。

「昨日は『えらぶんだコース』の救急車をやって、だから今日はオリジナルコースのごみ収集車やるんだ。」

「昨日、先生と一緒に『いっしょにコース』でやって何となくできるって思ったから、今日はえらぶんだコースをチャレンジしてみる。」

「難しそうだけれど、どうしても○○をやりたいからオリジナルコースやってみる。」

子供たちはそうして、夢中で取り組んでいました。たくさんのページを作りたいある子は、一枚終わるたびに「よっしゃ。」とつぶやきながら喜び勇んで次のページを取りに行きます。また丁寧に取り組みたいある子は、自分の完成したページを眺めて微笑んでいます。どの子も自分が抱いた思いを実現するために、自分なりの方法で取り組み、満足感を抱いているのが伝わってくる時間でした。

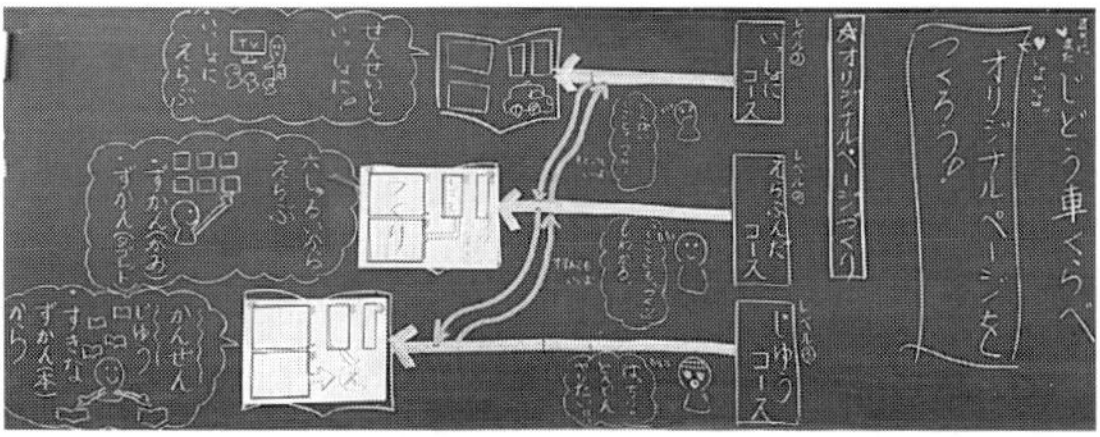

▶オリジナルページ作りの板書

## 「遊びながら学ぶ」子供の姿②（オリジナル自動車ページづくり：ポスト・マスタリー・プレイ）

本時は、オリジナルページも増えてきて、自動車の仕事とつくりと言った因果関係を理解し、事柄の順序で書かれていることを読み取れるようになってきた頃に行いました。

オリジナルページを作る中で、それぞれページが取り溜まっていくと、子供たちは自分の作成したページを自慢げに見せたり、友達のページを見たりするようになりました。そこで、貼り合わせてないそれぞれのページを見合う時間を設けました。

「わあ、すごい！こんな自動車があるんだ！私もこの自動車ページを作る！」

「この自動車のページ、ぼくも作った」

など様々な声があがりました。共有する中で子供たちに芽生えたのは、「もっとすごい図鑑を作りたい。」という「もっと」という思いでした。さらに具体的に聞いていくと、「もっとたくさん」とページを増やしたいと量に関する願いはごく少数で、多くの子は「もっと珍しい（レアな）」「もっとかっこいい」「もっとすごい」といった質的な「もっと」を願っていました。そこで、そういった思いが芽生えた後、私は「このタイミングだ」と判断し、こんなことを投げかけました。

「先生はね、もっとすごいページを作ったんだけど、ちょっと見てみない。」

子供たちが、「見たい！」「そんなのあるの！」と目を輝かせて叫ぶようにつぶやきます。

そして、見せたのが下の写真のページでした。

図鑑を読んだ後、「すげ〜」と言う言葉と共に、「こんな車あるの？」と驚きの声もあがります。

「これはね、先生が頭の中で開発したオリジナル車なんだ〜。だからね、世界に一台しかないんだよ。こんな風に、みんなもオリジナル世界に一台しかないオリジナルカーを考えてみる？」

そう言うと、次々にウォ〜という歓声と共に、

「やる！ぼく、もう、思いついちゃったよ。」

「やってみたい！」

と言う声が次々に上がりました。

その後、これまで同様に「仕事」と「つくり」がつながっていることを確認しました。例えば、写真の「たかはこ車」だと、高いところに上る（仕事）ために、タイヤに吸盤（つくり）が付いています。吸盤でない場合、どんなつくりだ

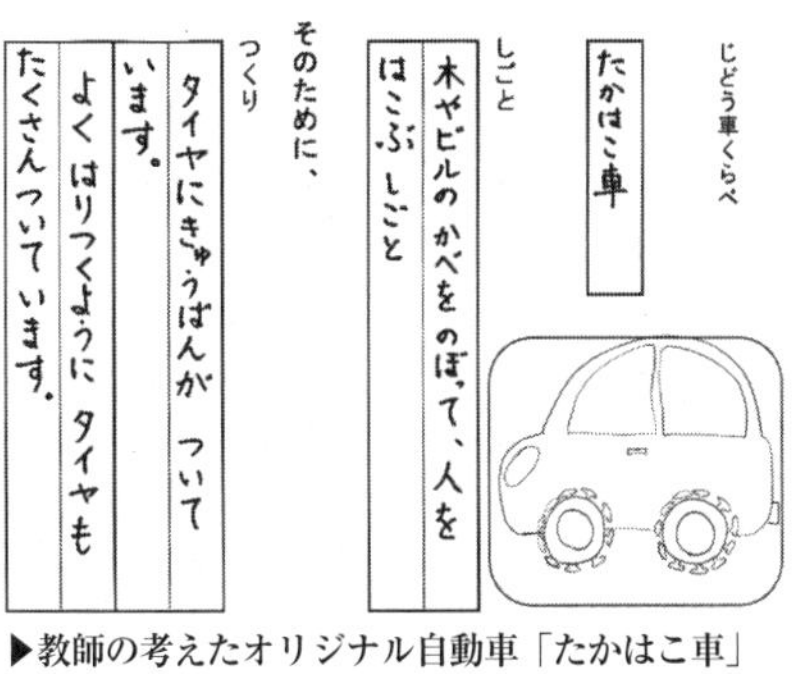
じどう車くらべ
たかはこ車
しごと
木やビルのかべをのぼって、人をはこぶしごと
そのために、
つくり
タイヤにきゅうばんがついています。
よくはりつくようにタイヤもたくさんついています。

▶教師の考えたオリジナル自動車「たかはこ車」

といいか「つくり」に対する他の例を考えたり、「仕事」の例も変えて、子供たちの意見を聞きながら「海をお散歩したい車だったら？」「出来立てお菓子を配る車だったら？」とふさわしい「つくり」を考えたりしました。そして、一人一人が思い思いのオリジナルカーのページを作成していきました。

そうして、下の写真のように「ノコギリ車」「もぐるカー」など様々なオリジナル車が誕生していきました。作る中で、ある子は

「先生、もう楽しくなりすぎちゃって、お家でもたくさん書いてきました。」

と十枚（十種類）近く書いてきた子もいました。また違うある子は、

「もうこれで、わたしの図鑑もさ、世界に一冊しかないチョーすごい図鑑になったと思う。」

ととても嬉しそうに言っていました。

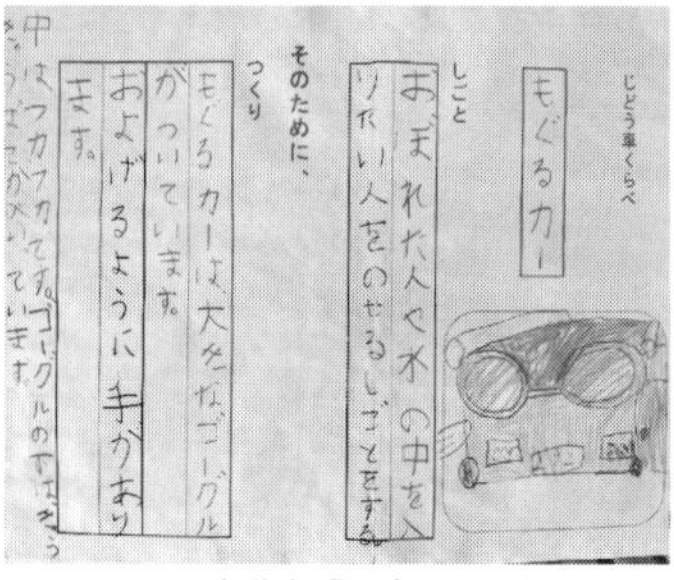

▶オリジナル自動車「もぐるカー」

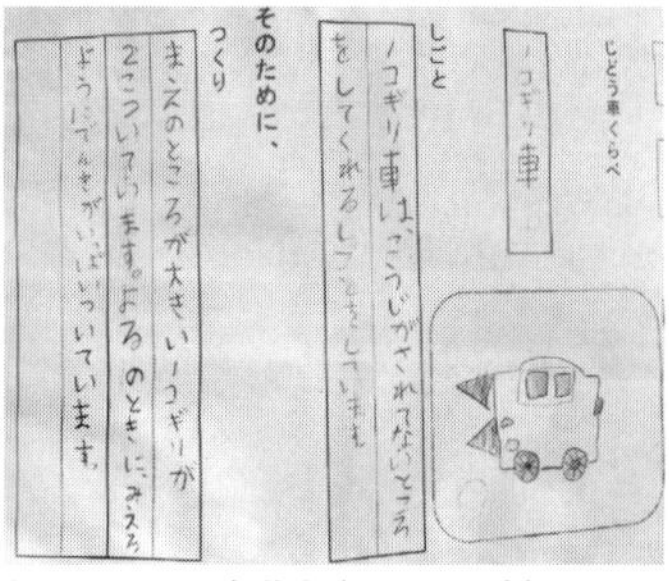

▶オリジナル自動車（ノコギリ車）

## 「遊びながら学ぶ」を生んだ要因

単元の中の事例①と事例②の子供たちの様子から遊びながら学びを深めたことが分かります。ブルーナーのマスタリー論と関連付けると事例①はマスタリー・プレイ（習得のための遊びの場）、事例②はポスト・マスタリー・プレイ（応用のための遊びの場）と言えます。

事例①でその大きな要因となったのはレベル別の自己決定の機会があったことでしょう。オリジナルページの作成自体、単元の中では学習してきたことを確実に習得したり、活用したりするために設定していますから、様々な資料からその自動車の仕事とつくりを正しく読み解くことがねらいです。だからこそ、その子のレベルに応じて確実に読み解けるように、教師と一緒に取り組むことを選んだり、多種多様な事例に挑戦したりするなど、難易度別の自己決定の機会を設けました。だからこそ、子供たちは自分の挑戦したいレベルを選び、安心して取り組むことができたのだと解釈しています。また、ずっと教師と作り続けるわけではなく、できるようになったら次のレベルへと進みたいと願い、自ら挑戦していけるように「レベル」という言葉で提示しました。

さらに、作成時間を三時間設けたことで、学習量の自己決定の機会も保障することができ、それが楽しさにつながったと考えられます。一概に図鑑作りと言っても、どんな図鑑を作りたいかは千差万別です。「珍しい自動車のページを作りたい」「本物の図鑑みたいに丁寧に仕上げたい」と、一ページの質をこだわりたい子もいれば、「たくさん作りたい」と量にこだわる子もいるからです。

事例②で遊びながら学ぶ姿見られたのは、一つにはオリジナル自動車を生み出すといった創造する喜び、楽しさが活動自体に内在していたからだと考えています。しかし、それは楽しい活動ではあるものの、難易度としては高く、どの段階で子供たちに提示するのか仕掛けるタイミングが極めて重要になってきます。だからこそ、オリジナルページを作り込むことを繰り返し、「仕事」と「つくり」について理解が深まったタイミングで教師が仕掛け、提示しました。そしてそれは同時に、子供たちが図鑑の質を高めたいと願ったからこそ、仕掛けが上手く働いたのだと思います。子供たちの思いや願い、必然性に加えて課題の難易度を考えることも大切です。実際の子供たちの姿からも楽しみながらより難易度の高い課題に取り組んだことで、「仕事」と「つくり」といった因果関係に関する理解や思考をより深めたことが見取れるのではないでしょうか。

さらに、「図鑑作り」という活動についても考察をすすめていきます。一年生の説明文の授業を考える上で「図鑑作り」は教師の指導性を埋め込みやすいとても優れた表現活動だと言えます。それは、図鑑を作ることで、一年生で身に付けたい様々な力が自然と身に付くからです。その一つに「情報を取り出す力」があります。情報を取り出す力は、文章を理解する上でとても大切な力です。図鑑を作るとき写真のようにいくつもの空所をつくり、そこを埋めていく活動をすることで、楽しみながら情報を取り出す力を育むことができます。

　さらに、教科書に出てくる事例以外にもオリジナルページを作っていくと、最後に貼り合わせる際に「どのような順番で貼るか」、つまり「事例の順序」を考える必然性が出てくるのも図鑑作りのメリットです。そうすることで、「じどう車くらべ」であれば、教科書が身近な車の事例順で並べられていること、「うみのかくれんぼ」であれば、隠れ方の簡単なものから難しいものへと順に並んでいることに気付くでしょう。さらに、「うみのかくれんぼ」であれば、事例の共通点や相違点に着目して、「はまぐりはもぐる型」、「たこは変身型」、「モクズショイは道具を使う型」など仲間分けすることで、一年生で大事な「比べる」という力も育まれます。

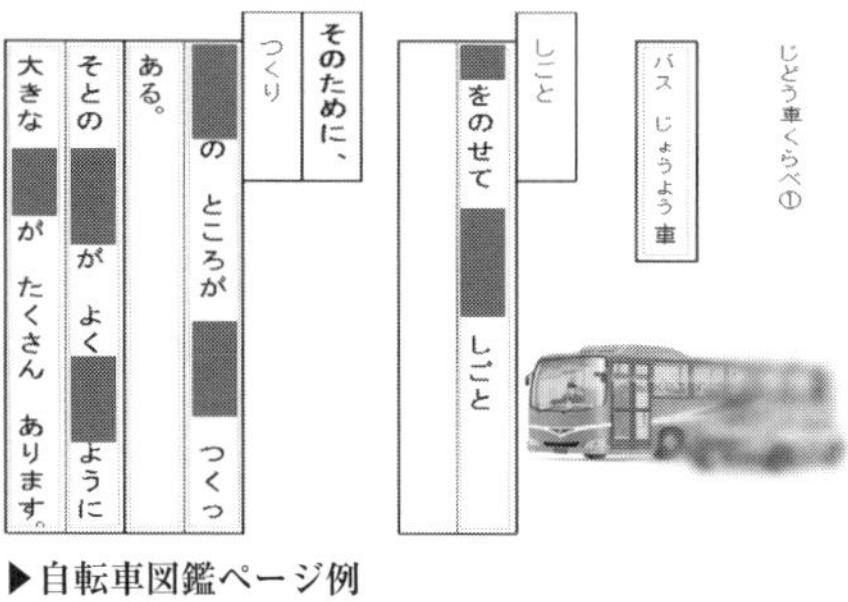

▶自転車図鑑ページ例

他にも、はじめのページを作ったり、まとめ（おわり）のページを作ったりする。他にも、よりふさわしい題名を考えてみたり、単元の学びを振り返る後書きのページをつくったりする。このように、図鑑を作るという必然性のもと、楽しみながら教科の学びを広げ深めていく、様々な活動が考えられます。

実践からも分かるように、自己選択・自己決定の機会を作る際、**教材の自由だけでなく、学習方法や学習量までも自己選択・自己決定できる機会や場を作る**ことで課題の難易度を自己調整できたり、より思いや願いに沿うことができると言えます。さらに**子供の必然性に沿って自然と問題が経ち現れてくるような大きな学習活動（学習問題）を設定することが子供たちの遊びながら学ぶ文脈を形作る際に必要不可欠である**ことが分かります。

# 算数科

## 「かたちあそび単元（単元内自由進度学習）」

本単元では、身の回りにあるものの形について、基本的な立体図形の特徴や機能をとらえ、立体図形の基礎となる感覚を豊かにしながら、立体図形の形に着目して特徴や機能をとらえたり、構成や分解を考えたりする力を養うとともにそれらを日常生活に活用しようとする態度を養うことをねらいとしている。

単元の最初に学習の手引き（ガイダンスプリント）を用いながら、それぞれの学習スペースに移動して、ガイダンスを行った。そして、取り組みたい内容のものから自由に取り組んでいった。1単位時間の流れとしては、「めあての確認➢ひとり学び➢振り返り➢共有」といった過程を基本とし進めていった。

- **楽しく「なる」**

  形を何かに見立てる模擬の遊び、組み立てる創造の遊び、プリントを取りためていく収集の遊びの要素が内在している。

- **強制感を感じにくく「なる」**

  自由進度で進めることができ、本時の教材や学習量を自己選択できる。

- **文脈に「なる」**

  発展課題である「かたちまち」を作るという大きな課題に向かう小課題（プリント）を設定することで、文脈が形作られていく。

## 「遊びながら学ぶ」子供の姿

「楽しそう。やってみたい。」

「先生、それいつからやるの。」

第一時のガイダンス授業の際の子供たちのつぶやきです。単元導入では、ガイダンスプリントをもとに、活動場所を紹介しながら二十分程度かけて六つのプリントの説明を丁寧に行いました。一年生にしては長時間の説明となり子供たちがどれくらい理解しているか心配でしたが、それは杞憂でした。説明するたびに、目を輝かせながら聞く子がとても多く、遊園地のガイドをしているような、そんな気分でした。

この年の算数「かたち遊び」では、単元内自由進度学習を行いました。教室をテープでしきり、廊下も使って活動ごとのスペースを生み出します。そして、それぞれのスペースには活動例の写真や見本、学習グッズを置いておきます。子供たちは、ガイダンスプリントやスペースごとの説明や例示を見ながら、何をどの程度学ぶのか自分で考えながら学習を進めていきました。

その際の教師との約束は二つだけ。一つはプリントが一枚終わるたびに先生チェックを受けること。もう一つは、六時間の中で、ガイダンスプリントに書かれた六種類全ての活動を終えることでした。

工夫して箱を高く積んだり、組み合わせた形を何かに見立てたり、形を写し取って絵を描いたりと様々な活動を設定しました。さらに、発展的な課題として「かたちまち」作りを設定しました。箱を組み合わせてある建物や乗り物を作ったり、形を写し取って、そこに住む人たちや動植物も作ったりします。ガイダンス授業で話し合う中で、

「それってさ、全部かたちまちづくりのためにあるみたいだね。」

「楽しいかたちまちを作ることをみんなのめあてにしようよ。」

と、発展的な課題が皆の最終ゴールになっていきました。

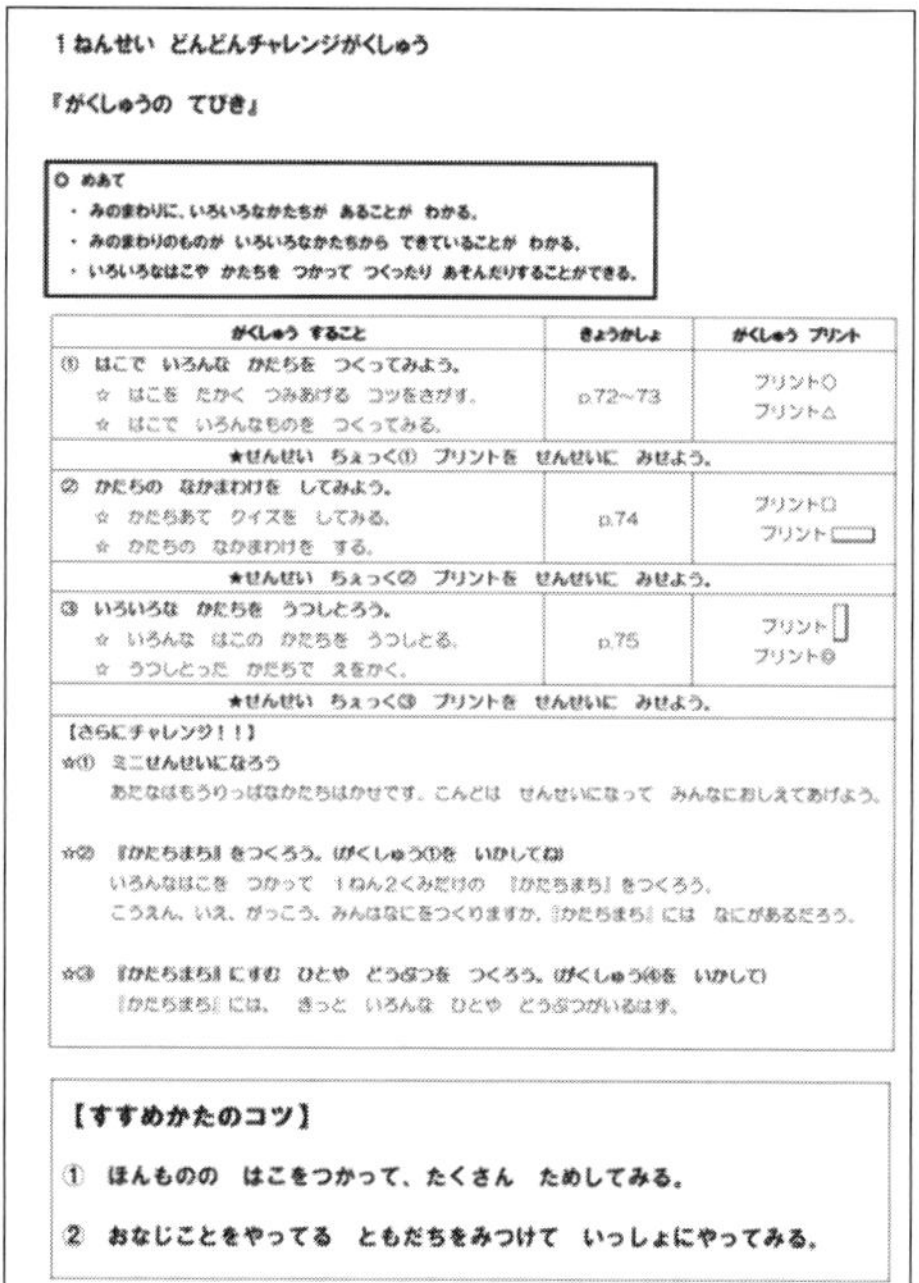

1ねんせい　どんどんチャレンジがくしゅう

『がくしゅうの　てびき』

○ めあて
・みのまわりに、いろいろなかたちが　あることが　わかる。
・みのまわりのものが　いろいろなかたちから　できていることが　わかる。
・いろいろなはこや　かたちを　つかって　つくったり　あそんだりすることができる。

| がくしゅう　すること | きょうかしょ | がくしゅう　プリント |
|---|---|---|
| ①　はこで　いろんな　かたちを　つくってみよう。<br>☆　はこを　たかく　つみあげる　コツをさがす。<br>☆　はこで　いろんなものを　つくってみる。 | p.72〜73 | プリント○<br>プリント△ |
| ★せんせい　ちぇっく①　プリントを　せんせいに　みせよう。 | | |
| ②　かたちの　なかまわけを　してみよう。<br>☆　かたちあて　クイズを　してみる。<br>☆　かたちの　なかまわけを　する。 | p.74 | プリント□<br>プリント▭ |
| ★せんせい　ちぇっく②　プリントを　せんせいに　みせよう。 | | |
| ③　いろいろな　かたちを　うつしとろう。<br>☆　いろんな　はこの　かたちを　うつしとる。<br>☆　うつしとった　かたちで　えをかく。 | p.75 | プリント▯<br>プリント◎ |
| ★せんせい　ちぇっく③　プリントを　せんせいに　みせよう。 | | |

【さらにチャレンジ！！】
☆①　ミニせんせいになろう
あなたはもうりっぱなかたちはかせです。こんどは　せんせいになって　みんなにおしえてあげよう。

☆②　『かたちまち』をつくろう。（がくしゅう①を　いかしてね）
いろんなはこを　つかって　1ねん2くみだけの　『かたちまち』をつくろう。
こうえん、いえ、がっこう。みんはなにをつくりますか。『かたちまち』には　なにがあるだろう。

☆③　『かたちまち』にすむ　ひとや　どうぶつを　つくろう。（がくしゅう④を　いかして）
『かたちまち』には、　きっと　いろんな　ひとや　どうぶつがいるはず。

【すすめかたのコツ】
①　ほんものの　はこをつかって、たくさん　ためしてみる。
②　おなじことをやってる　ともだちをみつけて　いっしょにやってみる。

▶かたちあそび単元のガイダンスプリント

ここでは、それぞれ特定の本時でなく、三人の活動の様子や振り返りから遊びに向かう子供たちの姿を考えていきます。

まずは、学習速度がとてもゆっくりですが、丁寧に取り組むAさんです。普段の学習では、確実性はありますが、みなと同じ時間では終わらず、納得いくまで考えられていないことも多く、「また途中で終わっちゃった」とよく口にしていました。その子の振り返りや取り組んだプリントを見ると、彼女の充実した学びが伝わってきます。これまで同様に、丁寧に取り組んだため、発展学習には進めませんでした。しかしAさんは

「これ、**ぜんぶ丁寧にできた**し、**たくさん考えられたからいいの。やった!て感じ。**」

と、振り返りをもとに話をしてくれました。

様々な専門的知識を持ち合わせているYさん。自分の興味・関心に沿う場面では輝きを見せる一方、興味・関心が向かないこと場面では落ち着かず学びが停滞することもあ

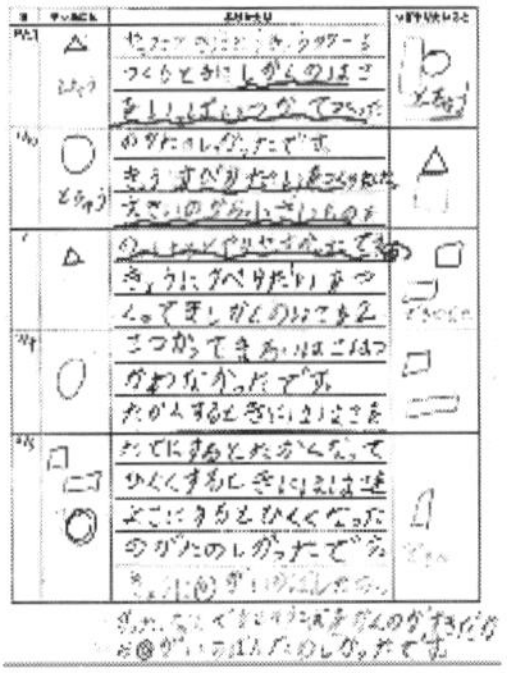

▶ Aさんの振り返り

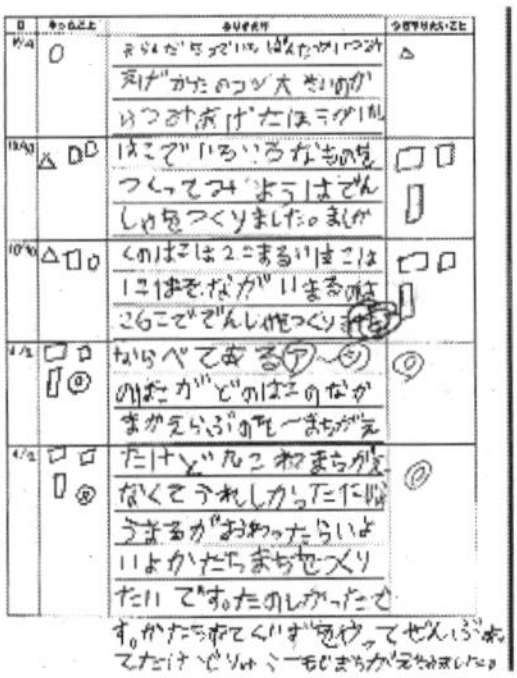

▶ Yさんのふりかえり

りました。ですが、この単元では、どの時間も集中して取り組んでいました。先生チェックの際に、「楽しそうだね。」と聞くと、

「**やることがたくさんあって、あれもこれもって迷っちゃう。でもそれも楽しい**。でもどんどんやってかたちまちに建物を作るのが一番楽しみかも。」

と言っていました。実際に最後の振り返りでは、休み時間になってももっと書きたいといって枠をはるかに越えて書く姿が見られました。この中には自分が作ったものの説明や友達との協力したことが書かれています。そして最後には、

「かたちまちはすごく楽しかった。まだやりたかった。あといっかいでもいいからやりたいです。」

と、夢中になっているのが分かりました。この単元を通して、自分の興味・関心に応じて集中を切らさず、生き生きと学習に取り組む姿が見られました。

▶Ｙさんの取り組んだ形うつしのプリント

最後は学習に困難さを抱えるＣくんです。学校に来ても、中々集中できないことが多くありました。しかし、教師がゆっくり指示すると自分のペースでできることに取り組み、文字も平仮名表を見ながらだとゆっくり書けます。そんなＣくんも、この学習では自らプリント

を選んでゆっくりではあるものの取り組もうとする様子が見られました。また全部プリントが終わってあと一時間何をするか考えた際には、

「形を写し取って絵を描くのが、**おれは好きだったから**この花びらを増やして絵を描くんだ。」と言って丸い形を写し取って花の絵を描いていました。絵をこだわってていねいに描く姿からは、Ｃくんのこの学習に対する達成感と意欲を感じました。

## 遊びながら学びに向かうを生んだ要因

三人の子供たちの振り返り、そして単元での子供たちの様子からも夢中になって活動していたことが分かります。そして、楽しいだけでなく、自分で選択して積み重ねてきた学びについて、納得感と達成感を味わえたことが伺えます。

それは形を何かに見立てて遊ぶという模擬遊びや創造遊び、さらには、課題をクリアしていくと言った収集の遊びの要素が活動に内在していたからだと言えます。また、それぞれの小課題が単元全体のゴールとして設定した「かたちまちをつくる」といった大きな課題と関連付いたことで、かたち遊びをすること自体が目的となり、子供たちの学ぶ文脈づくりに一役買ったのも要因でしょう。

さらには、単元内自由進度学習の特徴である、多様な自己選択・自己決定の機会によって、どの順番で行うかといった学習順序やどれくらい行うのかといった学習量を自分で選択できたことで、学びのストーリーを自分で描きやすかったのだと考えられます。

以上のように、この単元では教師の指導性が様々なところに埋め込まれています。だからこそ、遊びながらも学びが深まっていきます。教材や単元設計、単元の大きな課題の設定がまさにそれらに当たりますが、その肝となったのが、ガイダンスプリントを中心とする各種課題プリントと、環境設定の工夫にあったのだと推察します。

下の課題プリントを見てください。このプリントのねらいは、「身の回りにあるものの形について、概形や機能、特徴から分類することができる」ことです。そこで、角の数や面の形などの特徴に自然と気付けるように、あえて箱の中に隠し、触覚だけで予想するようにしました。

さらに、課題プリントを用意するだけでなく、具体物を使って試すことのできるコーナーを作

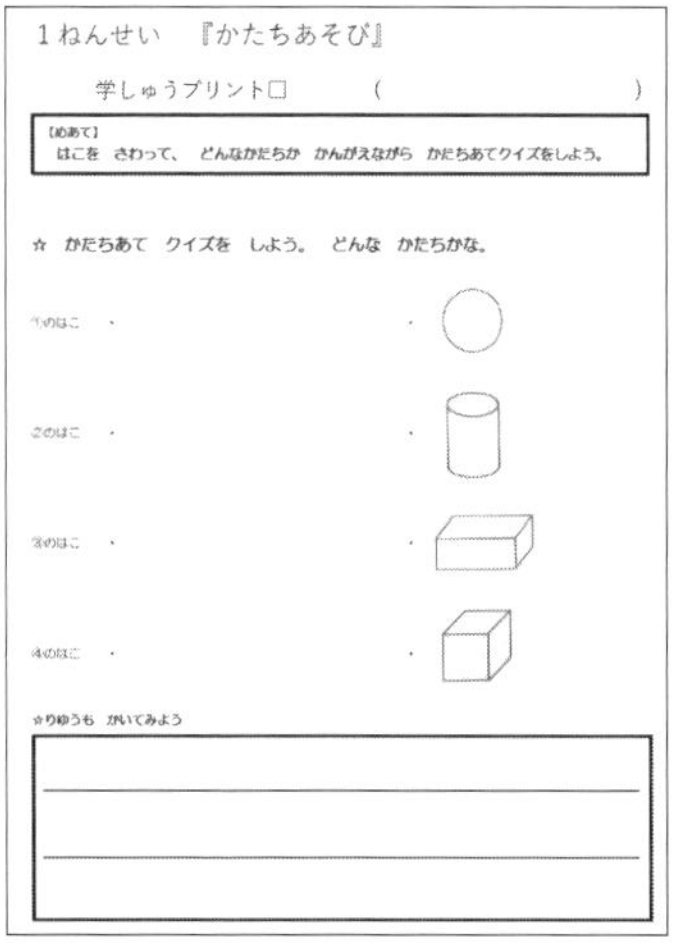


▶課題プリント例

るといった環境構成の工夫もしています。ここでは、箱の中に立体を入れて確かめられるようにしたことはもちろん、箱の外にも同じ立体を用意して目で見ながら、触って特徴を確かめることができるようにしました。そうすることで、比較しながら目と触覚双方をヒントにしながら問題に立ち向かっていけるようにしています。他にも箱の形を見立てる活動スペースには、箱を使って制作した実物や写真が数多く並んでいます。このように、環境構成を行うことで、考える足場を作っていることが分かります。

そして、それらを統括するのが冒頭にあるガイダンスプリントです。このガイダンスプリントによって単元内でやるべきことが明確になり見通しをもちやすくなります。さらには、それぞれの課題プリントに「○、□」など形を盛り込みました。そしてそのプリントが終わるとキャラクターを模した達成シートの同じ形に色を塗れるようにしました。そうすることで、収集遊びの要素が盛り込まれ、集める楽しさを味わえるようにしました。また、達成すべき課題が終わった後は、「かたちまちの建物や乗り物をつくる」などの発展的な自由課題を盛り込んでいます。子供たちの発言にもあったようにそれらは課題プリントで学習したことが直接生きてくるような課題となっています。

このように、ガイダンスプリントには子供たちの学び方をガイドするだけでなく、学びを加速させる様々な教師の仕掛けを施しています。ここから明示的な指導と環境設定の重要性が浮かび上がります。教えることと委ねること、そのバランスが重要だと言えます。

## 算数科でのPlay型授業

もちろん、ステージ制にして自己選択・自己決定の機会を設けると言った単元内自由進度学習でなくても、算数科でPlay型授業を行うことはできます。

例えば先述した図形領域の立体ではなく、平面を対象にした単元では、「スー、クルッ、パタンゲーム」というPlay型授業を実践（尾形祐樹先生の追実践）しました。

次ページの写真のように三角形の色板を使います。問題の出し手は元の形から色板を平行移動させたり、回転させたり、裏返したりして移動させます。その後、移動後の形だけを見て、解き手がどのように移動させたか考え再現できるか競うゲームです。「スー、クルッ、パタン」は移動の仕方をオノマトペで表したものです。この移動の仕方は子供たちと名付けていきました。他にも、ゲームをもっと面白くするために話し合う中で、「1クルッ、1パタンなどといったようにヒントを出そう」とルール自体も改変できるようにしました。

この活動には、競争だったり、偶然だったりといった遊びの要素が内在しています。また、ルールを自分たちで改変したり、技を編み出していったりすることで自己選択・自己決定の機会を設けています。さらには、そういった一連の活動自体が連なり遊ぶこと自体が目的となる文脈が形作られていることが分かります。この小単元は三時間で行いましたが、単元全てでなく、単元のうち小単元の一部をこのようにPlay型にすることもできます。

さらに算数の場合、学習内容が系統立てられ、一時間ごとに綿密に計画されているため、第二章でお話しした「わかる学力」よりも「できる学力」を育むためにPlay型にする方がよりデザインしやすく、効果的です（マスタリー・プレイとの関連）。その場合、小単元や一単位時間といった短い時間でPlay型授業を構想するのも手です。

一単元の中でPlay型の時数は少なくとも、算数は先ほど書いたように系統立てられていますから、「10までの数」「10より大きな数」「100より大きな数」というように単元が繰り返されます。

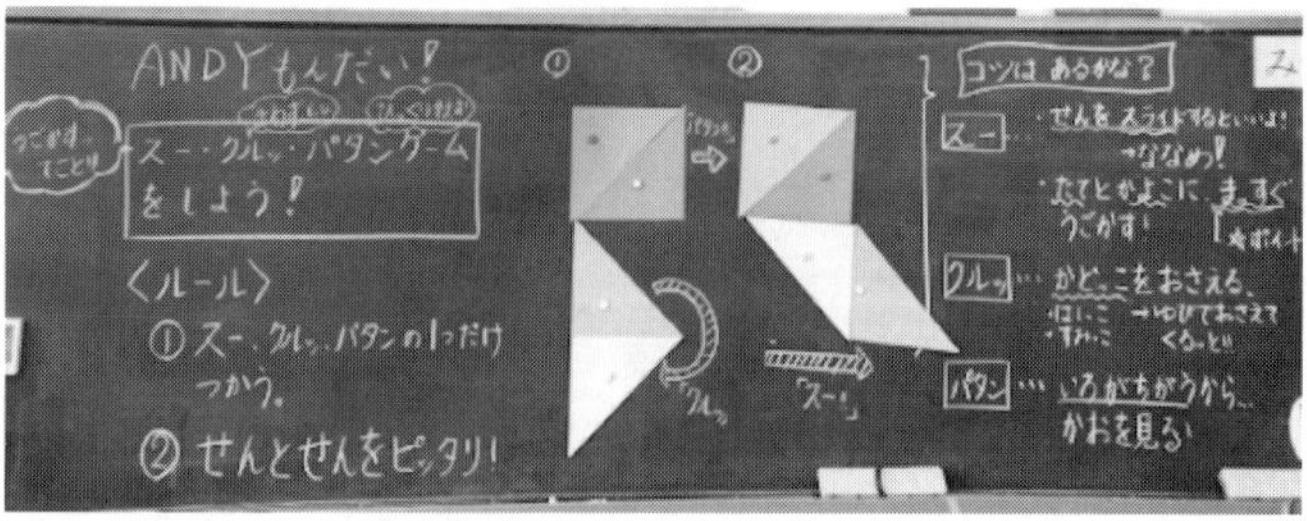

▶「スー・クルッ・パタンゲーム」の板書

そこで、それらの単元の中で同じ「Play（遊び）」を取り入れながら、既習知識や考え方を生かしていくといったような大きな視点でPlay型授業を構想することができます。それぞれの教科特性も踏まえて、その教科に適した取り入れ方を考えるとよいでしょう。

# 番外編

## 「スタートカリキュラム（のんびりタイム・なかよしタイム）」

ここでは、スタートカリキュラム時の「のんびりタイム」と「なかよしタイム」について記述する。スタートカリキュラムとは、小学校に入学した子供が、幼稚園・保育所・認定こども園などの遊びや生活を通した学びと育ちを基礎として、主体的に自己を発揮し、新しい学校生活を創り出していくためのカリキュラムのことである（右図参照）。

なおスタートカリキュラムは下記の４つの時間で１日を構成している。

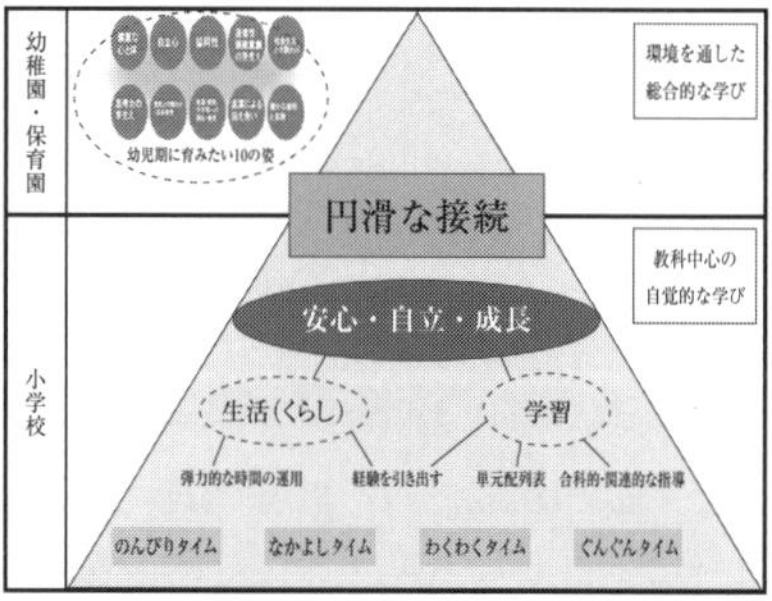


| | |
|---|---|
| のんびりタイム | 朝の支度や次の時間の準備が終わった後に、落ち着いて自分のペースで一日をスタートしたり、次の時間の切り替えができるように思い思いの時間を過ごしたりするための自由な時間。 |
| なかよしタイム | 一人一人が安心感をもち、担任や友達に慣れ、新しい人間関係を築いていく時間。自分の居場所を学級の中に見出し、集団の一員としての所属意識をもち、学校生活の基盤である学級で、安心して自己発揮できるように工夫していく。 |
| わくわくタイム | 幼児期に身に付けた力を生かし、主体的な学びをつくっていく時間。生活科を中心として、様々な教科・領域と合科・関連を図り、教科学習に移行していく。 |
| ぐんぐんタイム | わくわくタイムやなかよしタイム、日常の生活の中で子供が示した興味や関心をきっかけに、教科等の学習へ徐々に移行し、教科等特有の学び方や見方・考え方を身に付けていく時間。 |

## 「遊びながら学ぶ」子供の姿

ここでは、なかよしタイムでのTさんの姿を追っていきます。

入学式もしくはその後の学級指導では、多くの学校で一年生一人一人を呼名する機会があると思います。この年も例年のように呼名を行いました。やる気満々で大きな声で返事をする子。姿勢を正して返事をする子。様々な子がいます。その中で、手を挙げて堂々と返事をした子がTさんでした。入学式の日の呼名は、子供たちにしてみれば、初めての場で、初めて出会う人に囲まれてとても緊張する時間です。だからこそ、それまで出来ていたことが出来なくても何ら不思議ではありません。能力が発揮できるかは場所という条件にも起因します。だからこそ、そういったTさんの姿を見て、すごいなと感心しました。

次の日。大きなランドセルを抱えて子供たちが登校してきます。六年生の手を借りながら支度を終えると待っているのは、のんびりタイムです。支度が終わった子から次々遊び始めます。お手玉をする子、折り紙をする子、自由帳に絵を描き始める子と様々です。

その中で、Tさんは、グループ型の自分の机に座り込み、何もせずただじっと周りを見ていました。その姿は昨日の元気に返事する姿と違い、「あれ？」と引っ掛かりました。ただ初日だし少し疲れたのかなと思い、困ったことがないか声をかけ、見守ることにしました。その後、のんびりタイムで二日経っても三日経っても、Tさんは遊ばずに、じっと周りを見るだけでした。他の子は、様々な遊びをしながら徐々に友達の輪を広げていました。

「お手玉の遊びを一緒にしてみる？折り紙もあるよ。」

そう声を掛けても、首を振って

「いい。」

というばかり。そして、周りをじっと見つめます。そして、それは授業でも同様でした。聴いているし、尋ねると答えはするのですが、無表情で周りをじっと見ています。

そんなある日。気付いたらTさんは、のんびりタイムで隣の席の子と遠くの席の子、さらには教育支援の先生と笑顔で楽しそうに折り紙をしていました。私は驚きました。後で、経緯を聞くと、その日Tさんの隣の子と遠くの席の子がTさんの隣で、折り紙で箱を折ろうと遊び始めたとのことでした。しかし、その二人では箱の折り方が分からず、まずは支援の先生に聞いたそうです。でも、支援の先生も分からず、Tさんに、「箱の作り方を知っていたら教えてくれない。」と聞くと、Tさんは淡々と箱の折り方を教えたそうです。そのTさんに、二人の子が、

「すごい！ありがとう。」

「もっと教えて。」

といった時、Tさんはとても嬉しそうに笑ったということでした。支援の先生もTさんの笑顔を見たことがなかったので、驚いたと言っていました。思えば、入学式のときの返事の時もニッコリした返事ではなく、緊張した面持ちの返事で、柔らかく笑う彼女を見たと聞いたのは初めてのことでした。

それ以降、Tさんの様子はどんどん変わっていきます。次の日、のんびりタイムでは先ほどの子たちと自席を離れてグループになり折り紙で遊び始めました。そして、そこに数人加わり遊んでいき、Tさんは遊ぶ相手を変えながら、お手玉での的当て遊び、お絵かきと様々な遊びを行う姿が見られました。さらには、授業中でも手を挙げることがなかったTさんでしたが、とても積極的に手を挙げ自分の考えを発表するようになりました。その発言の中には多くの子が「すげー」と驚くほどの内容もあり、次第にTさんの周りにはいろいろな輪ができるようになっていきました。

## 「遊びながら学ぶ」を生んだ要因

のんびりタイムという自由な時間で遊ぼうとしなかったTさん。そんなTさんが友達に折り紙を教え、喜んでもらえたことをきっかけに少しずつ遊びの輪の中に入っていくようになります。

いくら楽しそうな遊び道具があって、遊ぶための時間があって、園と同様の生活リズムで過ごしていても彼女が遊ばなかったのには理由がありました。実はTさん、クラスに同じ園出身の子が一人もいませんでした。つまり、知り合いが誰もいなかったのです。そもそも、知らない人だらけの中、不安でいっぱいで彼女に遊ぶ余裕などなかったのだろうと私は解釈しています。

だからこそ、当初は周囲を伺っていたのでしょう。ですが、折り紙を教える中で、友達から認められたということをきっかけにして、少しずつ心を開きながら友達と関わり始めます。そして、次第にクラスの子たちと遊べるようになっていきます。それはさらに、授業中の彼女の自己発揮にもつながっていくことが事例から分かるかと思います。このように、**遊びの世界に入っていくためには、遊ぶ相手との「関係性」も大事**なのです。見ず知らずの人と遊ぶことは容易ではありません。そういった意味で、子供たちが遊ぶように学ぶためには、遊べる風土を醸成することが強く求められます。

今回、Tさんが遊ぶようになったのは、そもそも自由遊びという時間があったことと、机が黒板向きではなく、グループ型であり友達との関わりが生まれやすい環境であったことが大きな要因だと考えています。そしてそれは教師が意図したことでもありました。

スタートカリキュラム時に、幼児期の生活とつなげるように「のんびりタイム」「なかよしタイム」「わくわくタイム」「ぐんぐんタイム」という四つの時間で一日を構成する。そして、特に入学当初は自分なりにペースで一日を始められる「のんびりタイム」や教師や友達同士の関係性を構築するための「なかよしタイム」を重点的に行っていく。そのような中で、園での活動を取り入れたり、友達と遊びながら関わることのできる活動を行っていったりすることで関係性が構築されることを期待しました。

そういった仕掛けによって、子供たちは新しい環境でもこれまでの学びを生かしながら関係性の輪を広げ、結果としてTさんのように新しい場所や人間関係（環境）であっても自己発揮できるようになったのだと考えています。学習だけでなく子供たち同士の関係性や教師と子供との関係性も構築できるような様々な手立てを講じる必要があることが分かります。

## Play型授業の舞台裏

さて、Play型授業の実践を全部で八事例紹介させていただきましたが、どのように受け取られたでしょうか。

私自身、書き終え、何度も何度も推敲を重ねましたが、「これじゃない感」があり、長い間モヤモヤしていました。授業の実際や子供たちの発言、成果物自体は疑いようのない事実なので、決して実際と違うと言うわけではありません。

でも、残るモヤモヤ。

このモヤモヤは何だと原稿とにらめっこする日々が続きました。

その中でふと「そうか！」と気付きました。

そのモヤモヤの正体は、Play型授業、Play型学習での子供たちの学ぶ姿や葛藤する姿、空気感を言語化できていないモヤモヤでした。もちろんそれは私自身の未熟さによるものも大きいのですが、Play型授業で見てきた子供たちの生き生きとした姿、まさに遊びながら学ぶ姿はどうしても言語化できませんでした。

Play型授業での学びは、国語科でのひとり学びの実践例や生活科や算数科の個別追究の実践例にみられるように、個々人が入り交じる、まるで公園にいるかのような学び方をします。

そこで、起こる一人一人の遊びと学び。
そしてそれらの交錯。
その交錯がもたらす、奇跡的な発見と協働。
そして、物凄いエネルギー同士がぶつかりあう喧騒。

夢中で遊んでいる子供たちが醸し出す、喜びと楽しさの爆発。
そういったものを言語化できませんでした。Play型授業内で見せる子供たちの姿はもっとエネルギーに溢れています。そして、それは時にもっとごっちゃりしているし、試行錯誤の連続だからこそ、決して毎回上手くまとまっていくものでもありません。それこそ、人によってはとても泥くさく感じるかもしれません。

爆発的エネルギーが生まれる、嵐の只中にいるからこそ、そのエネルギーの行く末に悩み、時に翻弄され、「ここからどうしようか。」、「どんなアプローチをすべきか」と苦悩し、葛藤することも多くあります。また、正直な話、子供たちと一緒に私も悩みこんでしまうこともあります。

でも私は、そんな熱中・没頭し、夢中になっている子供たちが発する爆発的なエネルギーが交錯する姿こそ素晴らしいと感じるし、授業中であっても思わず笑みがこぼれます。その子の学びに感嘆して、心の底からの賞賛が言葉となって溢れることもよくあります。

実践を読まれて、

「こんなにきれいにまとまるの？」

と思われた方には、いやもっと実際はワチャワチャしていますと伝えたいし、

「子供たちのエネルギーはこんなものなの？」

と思われた方には、見ているこっちまで笑顔になるほどの迸りがありますと伝えたい。


時に地味で、喧騒に溢れ、泥くさくても、そこで見せる子供たちの楽しくてたまらないという体全体で歓喜し表現する姿こそ、何にも代え難い学びの姿だと感じています。

自分の文才の無さと拙さゆえの現状であるのに、こんなことをお願いするのは心苦しいのですが、そういった教師である私自身の葛藤と願いにも思いを馳せていただきながら、子供たちの学びを追っていただけると、大変ありがたいです。

# 第四章　Play型授業の「これまで」と「これから」

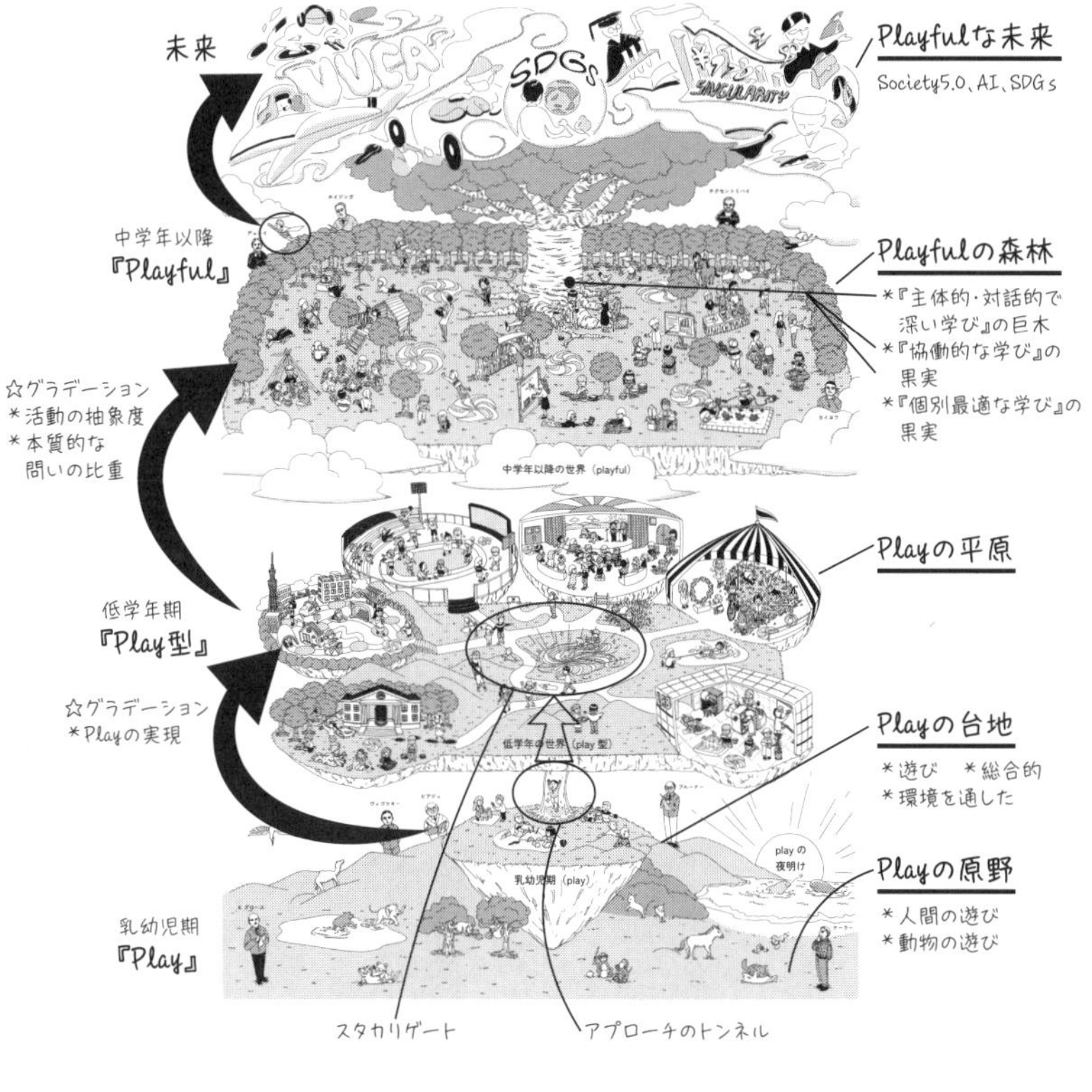
未来
Playfulな未来
Society5.0、AI、SDGs
VUCA
SDGs
SINGULARITY
中学年以降
『Playful』
Playfulの森林
*『主体的・対話的で深い学び』の巨木
*『協働的な学び』の果実
*『個別最適な学び』の果実
☆グラデーション
*活動の抽象度
*本質的な問いの比重
中学年以降の世界（playful）
Playの平原
低学年期
『Play型』
☆グラデーション
*Playの実現
低学年の世界（play型）
Playの台地
*遊び　*総合的
*環境を通した
playの夜明け
乳幼児期（play）
Playの原野
*人間の遊び
*動物の遊び
乳幼児期
『Play』
スタカリゲート
アプローチのトンネル

## Play型授業の「これまで」

第一章では、古今東西の遊び研究を包括的に見ていく中で、遊びの教育的価値、そして遊びの条件や類型を明らかにしました。それをもとに第二章では遊びの理論を援用した低学年ならではの型であるPlay型授業の理論を、第三章ではその具体的実践を紹介してきました。それらを受けて第四章では、Play型の「これまで」と「これから」について、またどのようにそれらが連続的につながっていくか幼児期の学びと中学年期の学びについて書き連ねていきます。

そもそも序章でお話ししたように、Play型授業自体、幼児期の学びの積み重ねや子供たちの発達の段階の上に自然に成り立つことを大切にした授業の型でした。ということは、幼児期の学びからPlay型授業へとどうつなぐか、そしてやがて中学年へとどう接続していくかも含めて考えることこそ、低学年期の学びをより豊かにするためにとても大切なことだと言えます。

小学校教育につながる幼児教育では、早くから遊びに可能性を見出し、実践の場に一足早く取り入れてきたという歴史があります。

日本で最初の集団保育施設は1878年（明治9年）に東京女子高等師範学校附属幼稚園が創設されたのが始まりであると言われています。附属幼稚園では当初三つの保育科目だったのが、明治17年頃には、「読ミ方、書キ方、数へ方、唱歌」など二十の保育科目に整理されました。そのうちの一つに「遊戯」がありました。さらに森上（2018）は、保育内容に遊びを取り入れてきた歴史について、次のように説明しています。

1899（明治32）年に文部省は、わが国最初の国としての保育の基準である「幼稚園保育及設備規程」を制定したが、ここでは保育内容は、「遊戯、唱歌、談話、手技」の4項目を定めている。これらのうち〝遊戯〟は随意遊戯と共同遊戯に分けられ、前者は幼児が自由に遊ぶもので、後に〝自由遊び〟といわれたものに相当する。後者の共同遊戯は、歌曲に合わせて共同で行うものであった。

現代においても幼児教育では、遊びこそが日々の教育活動の中心であり、数々の実践を積み上げ、その教育的効果が立証されてきました。それは各種研究からも、そして『幼稚園教育要領解説（平成三十年）』にも「遊びを通しての総合的な指導（30頁）」と書かれていることからも明らかです。

子供たちは幼児期において、遊びながら学んできたのであって、遊びと学びは切り離せないものだったのです。そう考えると、むしろ小学校に入学した途端、遊びと学びとをわける考えこそが不自然に思えてなりません。だからこそ、低学年期の子供たちに楽しさをもたらす遊びは、学びに欠かせません。と言うのも、勉強が読んで字の如く「勉めて強いる」という外側から与えられるものであるのに対して、学ぶという行為は遊ぶと同様に自身のドキドキやワクワク、楽しいという子供たちの内側から発せられるエネルギーをもとにした行為だからです。そのように、ドキドキやワクワクに突き動かされ、様々な対象に自ら働きかけ、環境との相互作用を経て、知識を構成していくという点で遊びも学びも構造が酷似しています。

幼児期の子供たちは楽しさ故に、挑戦し、試し、ある対象へと自ら働きかけます。そうしてその中で、比べたり関連付けたり見立てたりしながら、考え判断し、再び対象へと働きかけ、それが表現となります（思考・判断・表現）。そうして楽しいからこそ、それらは繰り返され、対象への関わりが深くなり、様々なことが分かったりできたりするようになっていきます（知識・技能）。楽しいという気持ちの揺れ動きこそが学び始めるきっかけや最大の理由であって、その楽しさを引き出すのが遊びなのです。

そして、幼児期にそのような学びを積み重ねてきた子供たちだからこそ、学びを積み上げるために小学校低学年期でも同じようにドキドキやワクワクといった楽しさを授業の核にすえ、遊びながら学べるようにすべきだと私は考えています。

例えば、どの学校でも四月に必ず行う学校探検。学校探検と一括りに言っても教師や二年生が連れて歩く「ガイドツアー型」や行く場所がチェックポイント式で決められている「スタンプラリー型」など様々です。私が行うのは「ぶらぶら型」から始まる学校探検で、文字通り本物の「探検」になるようにしています。「ぶらぶら型」の学校探検を行うようになったのには、ある理由があります。

初めて一年生を担任した四月。行ったのは、ガイドツアー型の学校探検でした。教師が先頭に立ち、学校を練り歩きながら

「ここのお部屋は職員室です。ほら見てごらん。……」

というように一つ一つ説明して校内を回りました。私自身余裕もありませんでしたが、始めこそ楽しそうにしていた子供たちの顔がだんだんと沈んでいくのを焦りと共に感じました。

そうして教室に帰る頃には、飽きて歩きながら友達とちょっかいを出し合う子たちも出てきてしまい、感想を聞くどころではありませんでした。苦い思い出です。

次に一年生を担任した時には、前回の自身の失敗をもとにしっかりと考えて臨みました。二年生に協力を仰ぎ、「スタンプラリー型」の探検を行いました。教師に渡された手順書に沿って、案内役の二年生と一緒に各教室を回るという形式です。保健室に行くとシールと「㋕」のような文字があり、渡されたマップにシールを貼り文字を集めていきます。そうして最後は体育館にたどり着き、集めた文字を並び替えて秘密の暗号を言うと扉が開き、ゴールするというわけです。二年生、そして多くの先生方の手を借りた結果、一年生はとても楽しそうに活動を行うことができました。私もそんな子供たちの様子を見て嬉しくなりました。

しかし、肝心の振り返りを聞くと、

・二年生と一緒に回れて楽しかった。
・ゴールした後に、体育館で遊べて嬉しかった。
・シールをたくさん貼れて、楽しかった。

といった感想ばかりで、肝心の学校の「人、もの、こと」への気付きはほとんどみられませんでした。子供たちにとってスタンプラリーはとても楽しかったのでしょう。でも、それは私自身が意図したこととはズレていました。そこから私は、楽しいだけでもダメだということを学びました。

そして行き着いたのが「ぶらぶら型」の学校探検です。バツ印が付いている教室には入らない、チャイムがなったら戻ってくるなどの約束を決めた後は、校舎内のどこに言っても大丈夫。好きなところを好きなだけ探検します。その間、教師はカメラやｉＰａｄ片手にぐるぐる回ります。チャイムがなって子供たちが帰ってくると、

「ねえねえ、先生！」

と目を輝かせて話しかけてくる子の多いこと。教師に帰ってくるなり、数人のグループになって、地図を囲み、発見したことを共有している子たちもいました。探検報告会では、

・一階のこのお部屋（巨大地図を指さしながら）は、先生たちのお仕事部屋だった。
・お兄さんたちが一生懸命勉強していてすごかった。
・鐘がなったらみんな動き始めていた。学校ってみんな鐘で動くんじゃない。

などの素敵な気付きが次々飛び出しました。それは教科の学びとして価値があるだけでなく、それを語る子供たちの生き生きとした表情に私は感じ入ってしまいました。

まさに子供たちが遊びながら学ぶ姿がそこにはありました。

ぶらぶら型によって本物の探検になったことで、「好きな場所に行き、好きなだけ気になることができる」といったたくさんの自己選択・自己決定の機会が生まれました。また、子供たちは自分のドキドキやワクワクに沿って探検したいから探検しているのであって、何かの目的のために探検をしているわけでもありませんでした。そうした自由に探検すること自体を目的とした活動はまさに「遊ぶ」状態を形作っていきます。ぶらぶら型の探検という活動には、「探検ごっこ」という模擬の遊びや「探検で宝物を発見する」といった収集の遊びも形態的に隠されています。つまり、学校探検をぶらぶら型にすることで、探検自体が子供たちにとっての遊びになり、遊びになったからこそ楽しさが生まれたのです。そして楽しいがゆえに子供たちは学校の人、もの、こととといった対象に夢中で働きかけ様々なことに気付き、学びが生まれたという訳です。

三つの学校探検の事例から見てきたように、授業を考える上で、遊びや遊ぶという行為は低学年期でも大切にすべきことが分かるのではないでしょうか。遊びを取り入れ、遊ぶ状態を意識して授業を創ることで、楽しく子供たちが生き生きするというだけでなく、学びがより豊かになっていきます。

「小学校の授業ってこういうものだから」

「学校探検ってこういうものだから」

と大人の論理や都合ではなく、子供の論理で見たときに、幼児期に遊びながら学んできた、つまり遊ぶことを通して学んできた経験があるからこそ、学び方のつながりを重視するためにも小学校低学年期においても遊びや遊ぶは大切になってきます。というより最も大切にすべきことだと思います。だって、小学校は学ぶ場ですから。**子供たちにとっての「遊ぶ」が「学ぶ」と同じなら、常識に縛られず遊べばよい**と思うのです。

ただそうは言っても、保育所や幼稚園、認定こども園（以下、園）で行う遊びと小学校での遊びは当然違ってきます。その違いを意識してどのように接続するか考えることで、形式や形態だけでなく、本当の意味で幼児期の学びと小学校期の学びがつながっていきます。

そう考えると園と小学校で一番大きいのは対象の違いです。『幼稚園教育要領解説（平成三十年）』では、「健康・人間関係・環境・言葉・表現」といった五つの内容項目が示されています。そしてそうした内容を「遊びを通した総合的な活動」を通して育んでいきます。対して、小学校は国語や算数と言った教科学習があり、それぞれに育みたい資質・能力が異なります。園では総合的な大きな遊びの中で様々なことを学び、小学校では対象と時間で区切られた教科の中で学んでいきます。内容と方法の違いをまとめると左図のようになります。

比べてみると、**「五領域を育む総合的な活動」**と**「教科ごとのねらいがある細かく区切られた活動」**といった内容や方法の違いがあります。小学校では、学ぶ対象ごとに内容や方法が細分化されていきます。だからこそ、**幼児期の総合的な学びを小学校期の教科へとどう細分化していくかが、接続の一つの鍵**だと言えます。

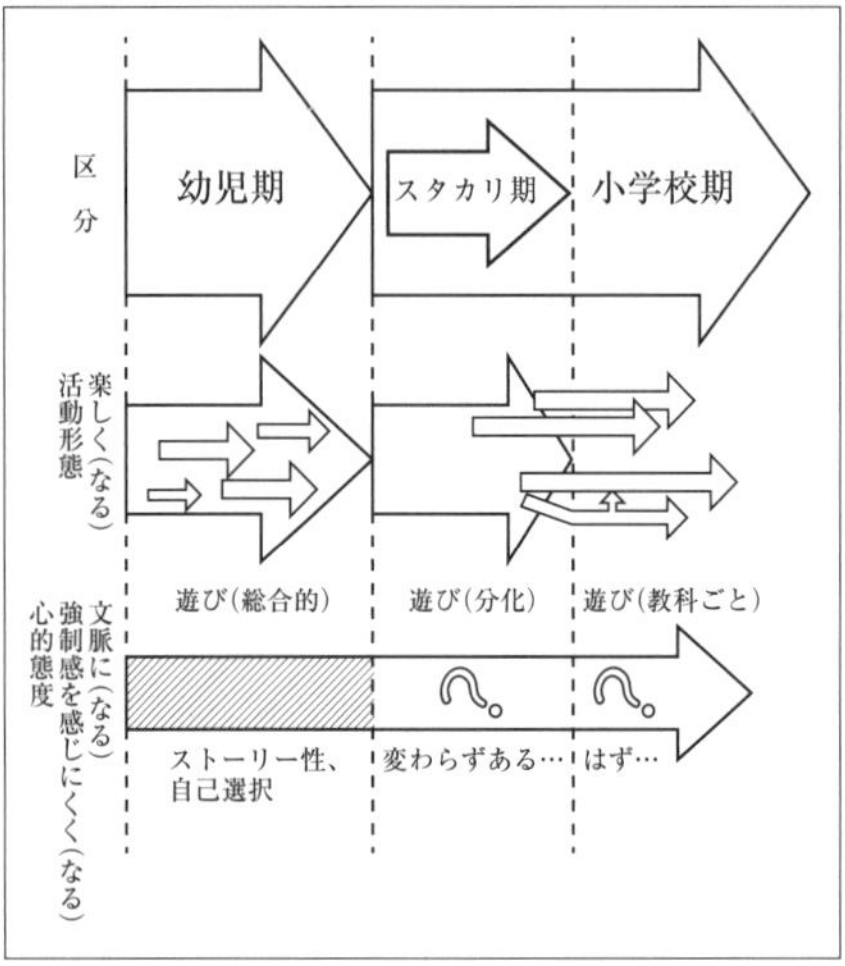


▶遊びの条件と園と小学校との関連

そして、**接続するためのもう一つの鍵はやはり「遊び」**です。遊びと学びを一体的に捉えるからこそ、本当の意味で幼児期の学びと小学校期の学びが接続されていきます。だからこそ、小学校入門期であるスタートカリキュラムの中でも幼児期の学びを生かした遊びを取り入れるべきだと考えます。本書で見てきた遊びの定義にあてはめて考えたとき、それは楽しく「なる」ための活動を取り入れることだと言えます。

しかし、遊びを授業に取り入れる上で大事なのは、活動の形態だけでなく、遊び手にとってある活動が遊びに「なる」ことでした。そのための強制感を感じにくく「なる」こと、文脈に「なる」ことが大切でした。スタートカリキュラムにおいても核になるのは形態でなく、子供たちが遊ぶ態度をどう実現するかです。だからこそ、活動の形態という目に見えやすいものの裏にある、非強制感と属文脈性こそ、意識すべきです。

そのように考えると、遊びと言う楽しい活動の裏にある非強制感と属文脈性こそ幼児期と小学校期の学びの分断を生んでいるように思えます。先ほどの学校探検実践で言っても教師のガイドツアー型には、楽しさも自由もなく、教師が連れ歩くので子供たちの文脈も形作られません。次のスタンプラリー型では楽しさやスタンプラリーによる自己選択はあるかもしれませんが、イベント型の活動なので、文脈は形作られていきにくくなります。考えてみると、幼児期の学びは遊びを中心とした総合的な活動ゆえに非強制感や属文脈性は前提としてあるのに対し、小学校では、教科や時間割によって内容と時間が細分化されているので、そもそも強制感を生みやすく文脈を構築しずらい構造があるように思います。そういった校種の違いによる構造を乗り越えるためにも、スタートカリキュラムにおいてもPlay 型学習やPlay 型授業は根底を為す考え方だと言えます。

## スタートカリキュラムで「つなぐ」

幼児期の「Play（遊び）」から小学校期の「Play型学習」、「Play型授業」に接続するため大事になるのが、快楽性・非強制感・属文脈性といった遊びに「なる」の視点を生かした「スタートカリキュラム」です。そもそも、スタートカリキュラム（以下、スタカリ）とは、幼児期と小学校期の学びの円滑な接続を図るために小学校入学当初に行う合科的・関連的な指導を行うカリキュラムのことです。

小一プロブレムに端を発し、スタートカリキュラムの必要性が叫ばれて十年以上たちました。その間に、生活の適用を考えた第一ステージ、子供の「安心・成長・自立」を目指し、幼児期の活動や時間の流れを導入した第二ステージ、そして自覚的な学びや合科的・関連的な指導を重視することで、子供たちが生き生きと学びに向かうことをねらいとした第三ステージへと移行しています。この第三ステージでは、『小学校学習指導要領（平成二十九年告示）解説　総則編』によって、小学校での計画及び実施が義務付けされました。変遷の中で「やった方がよい」第一ステージから「やらなければならない」第三ステージへと移行しているのです。やらなければならないと聞くと、トップダウン的で少し尻込みするかもしれませんが、それだけ必要感が高まっている証左とも言えます。現にスタカリに留まらず、園との接続を重要視する声はさらなる高まりを見せています。それが、「幼保小の架け橋プログラム」です。幼保小の架け橋プログラムとは、令和の日本型学校教育を目指し、質の高い学びの実現に向けた取り組みの一つです。

七割から九割に上る幼稚園や保育所、認定こども園が小学校との連携に課題意識をもっていたり、資質・能力をつなぐカリキュラムの編成・実施が行われていなかったりなどの幼保小の接続を巡る様々な課題の解決を目的としています。それらの課題を解決するために、「義務教育開始前後の五歳児から小学校一年生の二年間は、生涯にわたる学びや生活の基盤をつくる重要な時期」とし、「五歳児のカリキュラムと小学校一年生のカリキュラムを一体的に捉え」たカリキュラムの開発などを行っています。カリキュラム設計の他にも、子供の姿や変化を捉えるために「幼児期の終わりまでに育ってほしい姿」の活用方法や環境の構成や小学校の環境づくりや幼保小の先生の関わり方などの教育のプロセスに関することなどの視点からも架け橋期の教育の質をどう保障するか、日々模索されています。

スタートカリキュラムにしろ、幼保小の架け橋プログラムにしろ、最終的にねらいとしているのは、「**幼児期の学びと小学校期の学びをいかに発展的に接続させるか**」です。

▶幼小接続の理想モデル（右）と現状（左）

この「発展的」というところが大切です。簡単な図にすると右図のようになります。まさに、土台の上に発展的に積み重なっているのが分かるかと思います。

しかし、実際は左図のようになってしまう現状が多いように感じます。一年生は小学校生活のスタートだから、何も知らず、何もできない存在だ。だから何事も一から丁寧に教えることが大事だとする考え方です。このような状況を打破するためにスタカリの第二ステージでは、「0からのスタートではない」という言葉が打ち出されました。

初めて私が一年生を担任した時、先ほどの学校探検の事例にあったように、一年生は「0からのスタート」であるから丁寧に教えなければと考えていました。今思うと、その原因は自身の学力観や指導観の狭さにあったのだと思います。人生は全てが学びだと嘯きながらも、実際は話の聞き方、発表の仕方など「型」を徹底的に教え込んでいました。教科書を使って型どおりに勉強すること、そして平仮名やたし算と言った教科に関する内容を勉強することこそが学習だと暗に捉えていたのだと思います。小学一年生は何も持たない真っ白な状態であるから、価値ある教科の内容をひたすら与えていくことが大事だという考えがそこにはあります。

でも、本当にそうでしょうか。

一年生は何もできない、そんな存在なのでしょうか。

一年生は小学校生活のスタートであり、教科学習のスタートではあるかもしれませんが、「学び」のスタートではないのです。お恥ずかしながら、私が「0からのスタート」だと思い込んでいたのは、幼児期の学びについて私自身が何も知らなかったからです。当時の私を弁護するわけではありませんが、校種を越えると知ろうとしない限り、子供たちの姿は見えにくくなるというのは事実です。だからこそ、先ほどの図のように発展的に学びを積み重ねていくためにも、まずは幼児期の学びについて知る必要があります。そこで、私が直接見聞きしてきた園での学びの様子をもとに、楽しく「なる」、強制感を感じにくく「なる」、文脈に「なる」といった視点とそれを支える保育者の手立てを見ていきたいと思います。

## 園での遊びに「なる」と支える要因

さっそくある園での学びの様子をみてみましょう。

### (1)事例①ある日の教室で

ある日、複数人の園児が工作していました。紙にお姫様の絵を描いて見せあいっこしているようです。「私は黄色のプリンセスね。」「じゃあ私は水色！」と好きな色を選びながらとても楽しそうです。園の先生も輪に入って一緒に遊んでいます。そのうち、ある子が出来上がった絵を動かしながら、何かつぶやきはじめました。先生もそれに応える様に、絵を動かしながら会話を始めました。するとある子が、「ちょっと待ってて」と言って走っていき、工作紙や折り紙、ストローやトイレットペーパーの芯などが準備されている材料コーナーから割り箸をもってきました。どうやら紙を切ってペープサートを作って遊ぶようでした。それを見ていた先ほどの先生。おもむろに動き出し、布をかけた長机を持ち出し、その

前に園児のイスを並べ始めました。すると、それに気付いたペープサートグループ。台の上でペープサート劇遊びを始めました。次第に、他の子たちもわらわらと寄ってきて、椅子に座り始めます。いつの間にかお客さんまでいる遊びに発展していきました。

### ⑵事例②ある日の砂場で

別のある日、砂場の周辺で何人かがそれぞれ遊んでいました。ある子は川を作って水を流しいれ、ある子は山を作っていました。その隣ではトラックを模した小型の乗り物を手で押して遊んでいる子もいました。先生はそれぞれの子たちの場所を回りながら一緒に遊んでいます。そして、先生が山を作っている子たちと遊んでいるときです。ある子が「こんなんじゃ土が足りないよ。もっと高くしないと！」と言ったのに対し、先生は「そうだね。もっと土が欲しいね。」と共感し、辺りを見回しました。そして、川を掘って出た土を指さして「あ！」と声をあげました。そうすると、山を作っていた子たちもそれに気付きます。すぐ川づくりの子たちに「ねえ、その土くれない？」と言いました。「なんで。どうしたの」

とつぶやく子たちに説明していると、「水も使うと固くなってもっと高くなるよ。」「じゃあ、川を山のとこまでつなげるよ。」「協力プレイしよう！」と協働が始まりました。しまいには、トラックの子たちもやってきて土を運ぶ仕事もできました。しかし、自由遊びの時間もそろそろおしまいです。どうするのかと思っていたら、子供たちが材料置き場から「こうじちゅう」と書かれた看板をもってきて、「先生ここ、このままとっておくね。」と言って、続きは明日の自由遊びでということでした。先生も泥んこだらけ。とても楽しそうに一緒に遊んでいました。

### (3) 事例③ある日の園庭で

また別のある日、園の先生が三輪車置き場でケンカしている園児を見付けました。理由を聴くと、三輪車に乗りたいのにずっと乗っている子がいて、変わってくれないため取り合いになったとのことでした。その場は解決しましたが気になって見ていると、他にも三輪車同士がぶつかって危ない場面もあり、遊び終わった後の片付けも課題でした。

そこで先生は、三輪車置き場に線を引き、その近くに足跡マークを、さらには園庭に一本の道を書きました。次の日、三輪車をきっちり止める園児の姿がありました。三輪車置き場の線は駐車場の役割を果たしていました。駐車場から続く線を道路に見立てて一方通行で遊ぶ姿も見られます。さらに、駐車場の近くに足跡のカードを置いたことで、園庭を一周した後、駐車場に来たら交代することを子供たちが自然と話し合って決める姿も見られました。この三輪車での遊びは、信号機ができ、横断歩道ができとどんどん発展していきました。

さて、三つの事例を見てきて、どう感じたでしょうか。快楽感、非強制感、属文脈性といった本書で定義した遊びに「なる」条件と照らし合わせて考えてみます。園でのカリキュラムは基本的に遊びを中心として設計されています。そして園ごとの差はあるものの、自己選択・

自己決定しながら活動できる時間も潤沢にあります。そういった意味で楽しく「なる」ための形態、強制感を感じにくく「なる」ための自己選択・自己決定の機会といった基本的な要件は活動の前提としてあると言えます。現に、事例①〜③でも前提として自分のやりたいことを選んで、思う存分遊んでいる姿が見て取れます。自分のやりたいことを自己選択しながら事例①では、工作という創造遊びが人形劇と言った模擬遊びへと移り変わり、事例②では

砂によるお山工事と言った創造の遊びや模擬の遊び、事例③では三輪車を使った競争遊びや感覚遊びが道を描いたことで、現実世界の模擬遊びへと変化しています。

特筆すべきは、文脈に「なる」ための保育者の援助の質の高さです。

私が見ていた限り、どの事例でも話し合いの仲立ちをしたり、何かを提案したりすることはあっても、保育者が何かを強制することはありませんでした。しかし、子供たちの遊びは途切れることなく発展していき、トラブルは解決されていきます。それは事例①だと、子供の遊びを受けて遊びで返すという援助の在り方、また劇場を一瞬で創り上げることで、遊びを発展（複雑化：ルドゥス）させ、周りを巻き込む環境構成を工夫したからだと考えられます。事例②で言うと、砂場全体を自然風景に見立てることで別個のものを作っていた子たちをつなぎ、さらには立て札によって、潤沢な道具はもとより遊び込むことのできる環境を構成しています。同様に事例③でも、線で道路と矢印を描くことで、園庭を実際の世界に見立て、交通ルールを意識化させる意図的な援助があります。実に、見事と言うほかありません。

なぜ、事例①～③に登場した保育者の先生方はこのように質の高い手立てが打てるのでしょうか。それは、一つには、子供の的確な見取りによって、適切な援助を成し遂げられるといった高い専門性と職人性を有しているからだと考えらえます。

しかし、もっと根本的で大きな要因があると私は考えています。

その要因とは、**園の先生方が「子供たちは自ら学ぼうとしているし、学ぶ力がある」という子供観を有し、子供のそういった可能性を信じている**からといった態度的な要因です。だからこそ、園の先生方が子供たちへの関わりで大事にしているのは、**子供たちの主体性を引き出す間接的な援助**なのです。それが結果として、試行錯誤できる余地、工夫できる余地、遊ぶ余地を生む。そして、遊びが生まれた後も、高い専門性と職人性による的確で適切な援助や環境の再構成によって活動がストーリー化していき、さらに子供たちは熱中して遊び込んでいく。それが、遊びを通して自ら学んでいくことを誘発するのだと考えられます。もちろん文脈に「なる」ための工夫のみならず、楽しく「なる」ためにも、強制感を感じにくく「なる」ためにも、環境構成の工夫に始まり様々な工夫が為されていると考えられます。そしてそれは、ピアジェやヴィゴツキー、デューイが語ってきた子供たちが発達するために必要な教師の理想的な関わり方とも重なってきます。

遊びが生まれる根底に教師の子供観があるように、同様に、子供から遊びを奪うのも、もしくは遊びの形態だけ示し遊びを矮小化してしまうのも、教師の子供観が根底にあるのではないでしょうか。それは、「0からのスタート」だと思って一年生に指導していた過去の私自身に言えることです。「一年生は何もできない存在だ」とする子供観があり、その結果、型を教え込み小学校に適用させなければいけないという思い込みのもと指導してしまっていました。当然そこには、自由がなく、子供たちが遊べる余地などありませんでした。

幼児期の学びと小学校期の学びをつなぐ「遊び」。その鍵は、本書で提案する快楽性・非強制感、属文脈性といった遊びの条件を満たすことで、ある活動が子供たちにとって遊びに「なる」ことだと言えます。しかし、そういった仕組みを考える前に、「子供は自ら学ぼうとするし学ぶ力があるのだ」と信じる子供観を教師がもつことこそが、接続を考える上でも小学校の授業に遊びを取り入れる上でも最も大切なことなのかもしれません。

## 幼児期の「遊び（Play）」から教科で遊ぶ「Play型授業」へ

続いて、もう一つの鍵である「総合的な学び」から「対象によって教科ごとに細分化された学び」への接続について考えていきます。ここまで見てきたように幼児期の学びは「Play（遊び）」を中心とした総合的な学びでした。そしてスタカリはそういった幼児期の学びと小学校期の学びをつなぐ場です。だからこそ、スタカリでは各教科の学びが内包された総合的な活動を設定することが大事だと言えます。そして私の場合、その総合的な活動として、生活科「学校探検」を設定することが多いです。子供たちが学校探検をしながら、国語科や算

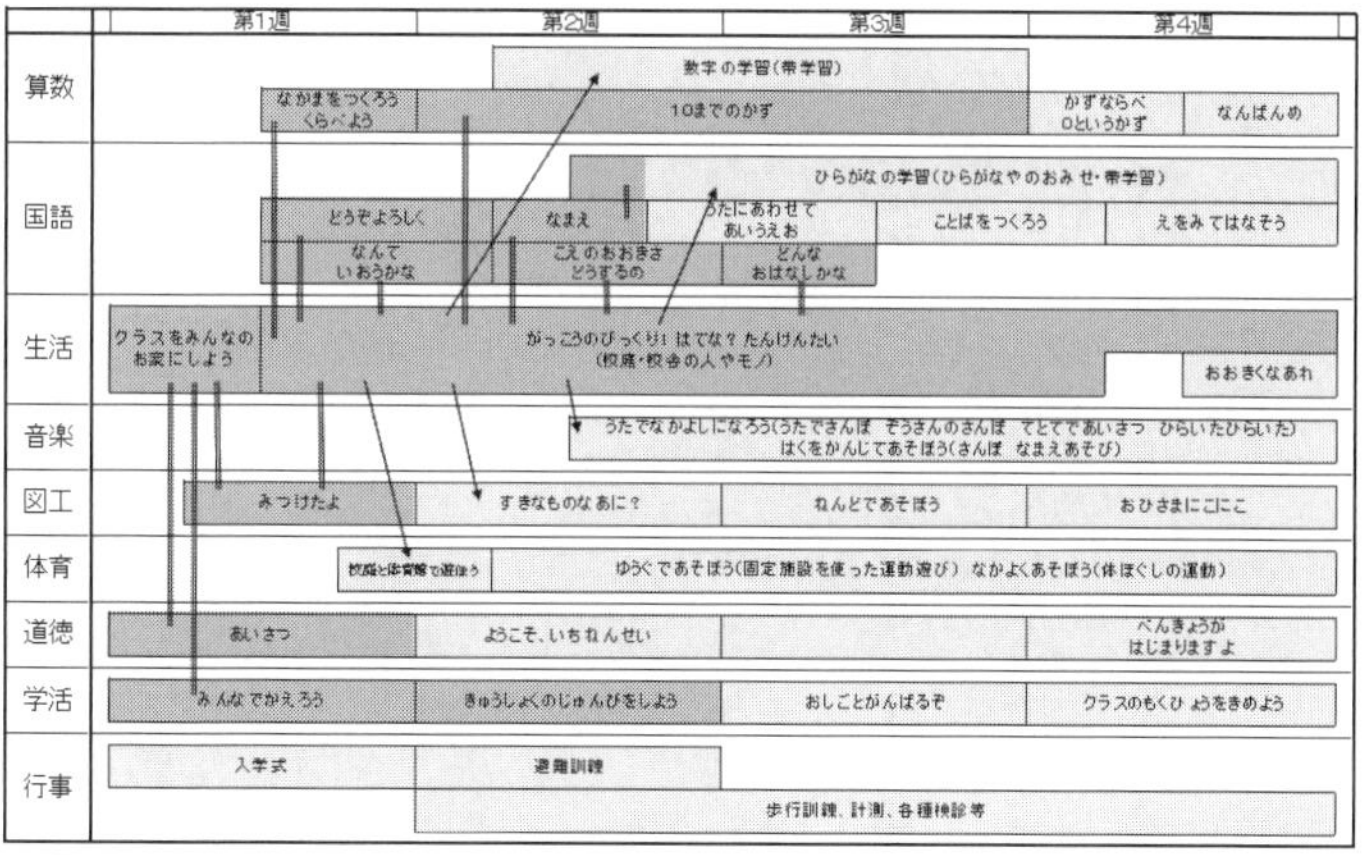


▶「生活科」学校探検を中心にした単元配列表

数科や図工科や音楽科といった様々な学びに自然と向かうように、「合科的・関連的な指導」を行っていきます。それを具体的にデザインしたものが、単元配列表です。

単元配列表を作成することで、スタカリでどんな内容をどのように学習していくかが明確になります。拙書『クラスがみるみる集中する！ スタートカリキュラムと教科をつなぐ小1担任の授業術 遊びと学びでつくるPlay型授業』では一年生の学びを大きな川に例えていますが、私は単元配列表も本流（学校探検）から支流（各教科）へと枝分かれするようなイメージで作成しています。表は実際の単元配列表です。

濃い灰色の部分がいわゆる「学校探検」を中心に

した合科的・関連的な指導を行う単元です。薄い灰色部分が教科カリキュラムに接続された単元です。

生活科を中核としながら作っていますので、川の本流は生活科の「学校探検」です。ですので、同じ濃い灰色の単元は子供たちにとってはあくまで学校探検の延長上にある活動です。そういった活動は子供たちにとっても学校探検の中での活動であり、「＝」でつないでいます。そして、薄い灰色部分は川の支流であり、分かれるときというのがまさに教科カリキュラムに分化するタイミングです。そういった教科へと分化していく活動を「↓」でつないでいます。

これは、第二章で示した文脈に「なる」ためのストーリーマップ作りとも似ています。単元配列表でもどのようなストーリーが紡がれるか多様に思い描くことが大切です。

単元配列表にあるように、学校探検という幼児期と似たような総合的な学びからスタートしていき、徐々に各教科等に接続していく。そう考えたときに大事なのは、どのタイミングでスタカリから教科カリキュラムに接続していくかという点です。そこで、私が重きを置くのは「**対象の自覚化**」と「**手応え感覚**」です。学校探検から国語カリキュラムに移行していったある年の実践を例にお話しします。

ある年の一年生。この年は先ほどのように単元配列表を組みました。

入学後、まず取り掛かったのは教室づくりです。子供たちが一年間過ごす教室ですから、最低限だけ準備をして、子供たちと相談しながら作り込んでいこうと考えました。

「この教室がみんなの一年間過ごす教室だよ。だからみんなが好きなもの、心がホッとするもの、ワクワクするものでいっぱいにしたいんだけれど、どんな教室にしたい？」

▶理想の教室を思い描いていく

と聞くと、写真のような意見が出てきました。

「教室を家みたいにしたい。」

「ドキドキワクワクできる楽しい場所にしたい。」

そうして作り始めていきました。秘密基地を作る子、のんびりできるスペースを作る子。そして、次第に様々な子たちがつながり始め、三日程度で教室の大体が完成しました。教室にはモンゴルのゲルのような秘密基地が完成。その中には畳がしかれ、ベンチとホワイトボードも持ち込まれました。さらに、教室後方から中央にかけて天井にはカラービニールで創られた虹も登場しました。

作り終わって感想タイムで、ある男の子が一言。

「これで、ぼくたちだけの教室になったって感じ。」

これには周囲の子たちも笑顔で同意しました。まずは教室が子供たちにとっての安心できるベーススポットになったのです。

そうすると、次に気になるのは、自分たちの教室の外です。

「にいにの教室ってどこなの。」

「最初に、お話してくれた校長先生ってどこいるの。」

「体育館で遊びたい。」

「探検だね！」

など、興味は教室の外に広がっていきました。そこで、「みんなが探した人や教室を探しに行ってみる？」と問いかけると大盛り上がり。

という言葉が自然と飛び出し「どきどきわくわくがっこうたんけん」という学習がスタートしました。入学して四日目のことでした。翌日、さっそく探検に出発です。

私との約束は、三つだけ。

**・バツ印のあるお部屋には入らない**

**・外には出ない**

**・チャイム（鐘）がなったら戻ってくる**

それ以外は、自由にぶらぶら探検する「ぶらぶら探検」を行いました。

そして、探検が終わって、教室に帰ってくるなり、

「先生、もっとやりたい！」

「なぞのお部屋見付けた！」

「先生、鐘がなったらお兄さんたちみんな動いてた。みんな動く時間があるんだよ！」

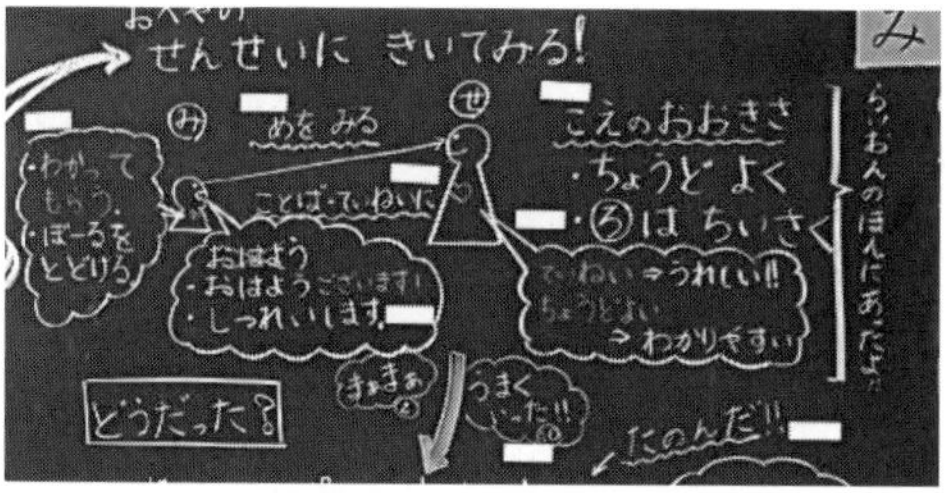

▶ K くんの悩みを受け、みなで考えた話し方のコツ

「お勉強って、静かにやって、たくさん何かを書くんだよ。」

など、子供たちは自由に探検ごっこをして遊びながら、実にたくさんのことに気付いていきました。その興奮冷めやらぬ中、来週も探検をしていくことに決まりました。上の写真がぶらぶら探検後の次の時間の様子です。実は前回のぶらぶら探検で、もじもじしてずっと他の教室に入れなかった子、Kくんがいました。そんなKくんの言葉をきっかけに授業が動き始めます。

「もじもじして聞けなかった。嫌だった。」

とKくんが口火を切ると、「こうしたらいいよ。ああしたいいよ。」と意見が次々に出ました。そこで、この時間に初対面の人に話す時の話し方・聞き方、教室に入るときのお願いの仕方について考えて

探検に行くことになりました。

自分たちで話し方や話す言葉のコツを考えた後、話す言葉を自分で決めました。友達同士で練習をして、第二回の探検に出発していました。そして、様々な人に話しかけて、自分の気になる「！」や「？」を調べていました。

本時の振り返りでは、「先生、部屋に入れた！」、「うまくいった」といった喜ぶ声が子供たちから聞こえてきました。Kくんも、

「今度は上手くいったよ。入れてよかったし、嬉しい。」

と笑顔で言っていました。そして次の時間、次にどのようなことをしたいか作戦を考えました。「探検で出会った人たちともっと仲良くなって遊びたい」「前回調べた音楽室や図書室といった教室で勉強したい」という思いや願いを実現するために、その教室にいる先生と仲良くなることが大事だと考えた子供たち。そこで、お友達いっぱい大作戦を行うことが決まりました。「なかよしになるためには自己紹介するといい」という流れで話し合いが進んでいきましたが、

「え、でもさ、一回名前言っただけで覚えてもらえる？無理じゃない。ぼくは一回じゃ無理なんだけど。」

といった子の発言にみんなが立ち止まります。みんな、「確かに、そうだね……」と

なったのですが、ある子が、

「じゃあ紙にかけばいいよ。いつでも見れるから忘れないよ。」

と言いました。すると続けて、

「それねお父さんが持っていてね、名刺っていうんだよ。」

と身近な生活と関連付いていきました。

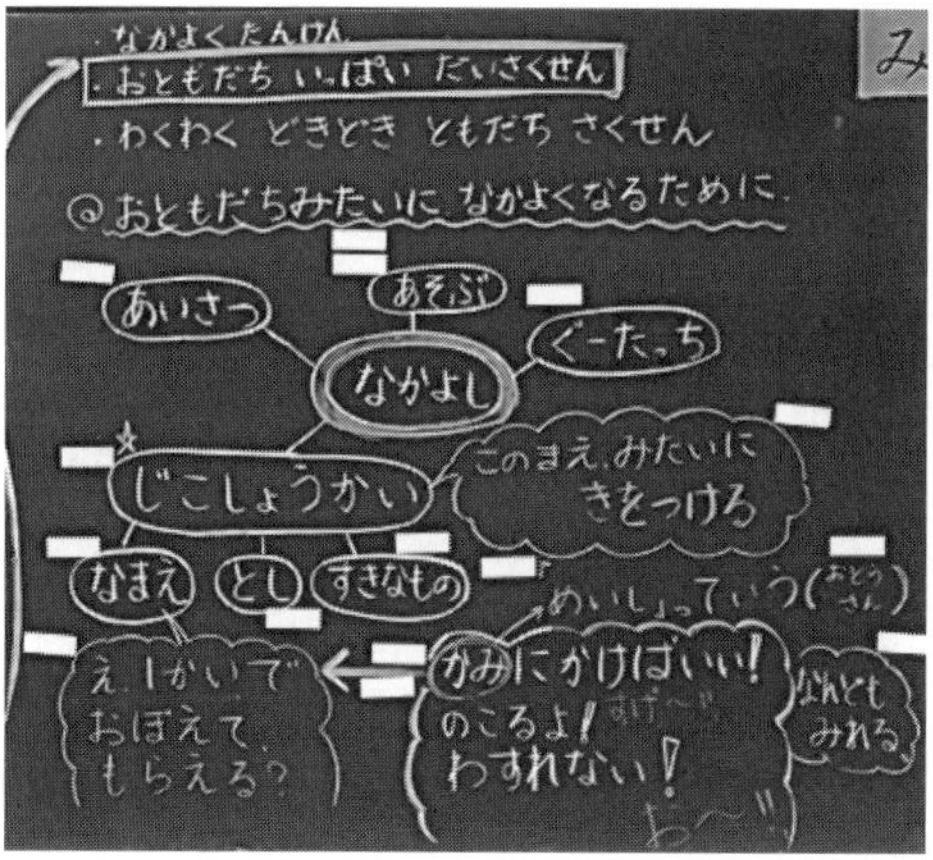

▶仲良しになるための作戦を考えるが…

そうして、自分の名前や似顔絵、好きなものを書いた名刺を作ることになりました。

そして、実際の作戦では、学んだことを活かしながら名刺を渡す様子が見られました。また、作戦後には、
「考えた技がばっちり使えたよ！すごいねってほめられちゃった。ドキドキしたけど、練習したこと思い出してやったら、ちゃんと分かってもらえた。」
といった充実感を味わう発言や
「丁寧に言ったら『敬語使えてえらいね。』っていわれた。先生、丁寧なの敬語っていうんだって。もっと勉強したい！」

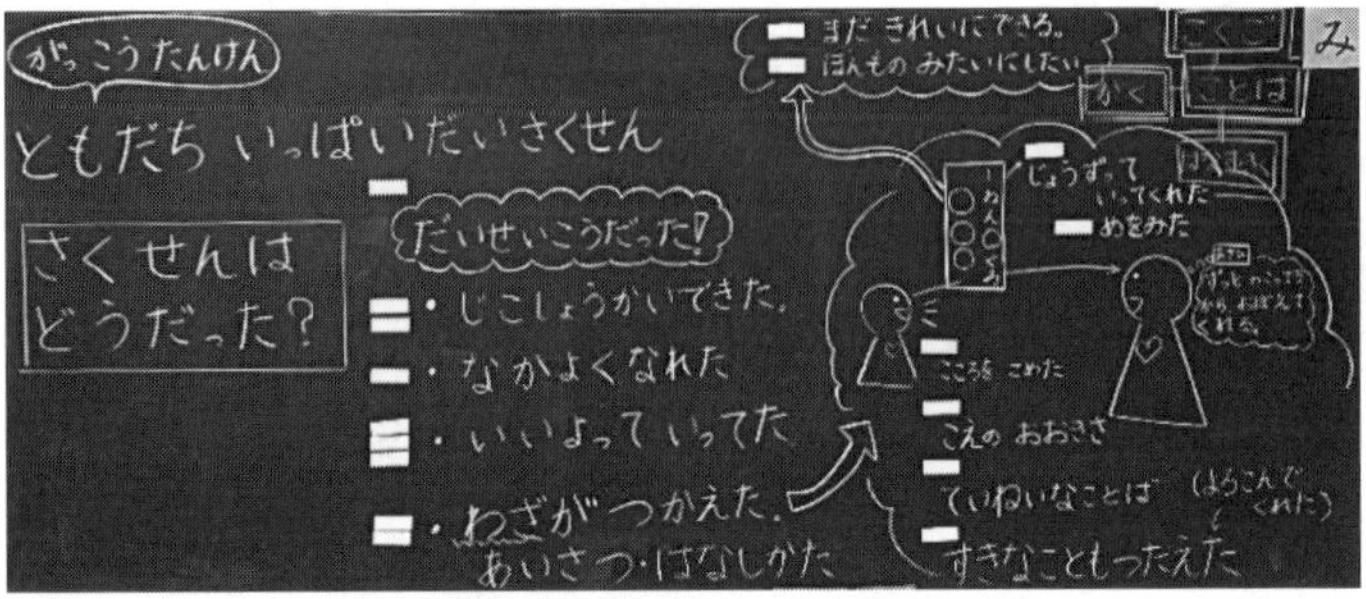


▶お友達いっぱい大作戦での振り返りの板書

といった気付きもみられました。

上の写真は「お友達いっぱい大作戦」での振り返りの板書です。振り返りをすることで、「ほめてもらえてよかった。」と言葉を学んだ良さを実感していました。そして、

「まだまだきれいにかけるからがんばって書けるようになりたい。」

「がんばったけど、ライオン教科書（国語の教科書）の本物の字と比べたらまだそっくりじゃなかったから、ほんものみたいになりたい。」

といったように次にやりたいことが明確になっていき、平仮名の学習に入っていきました。またその時に、言葉について学ぶのが国語であることを教師が伝え、ラベリングすることで、子供たちが「たしかに、話すのも聞くのも目に見えないけど、ことばを使ってる。」と気付き、言葉の学びを日常生活や幼児期スタカリ期の学びと関連付けながら構造的に理解しようとする様子が見られました。

この子たちはその後も、

「『小さいや、ゆ、よ』が使えるようになりたい。」

「上手な話し方を勉強したいから、国語でやらない？」

「国語の時間でさ、みんなに○○の読み聞かせしたい。このお話の劇遊びをしたい。」

といった言葉に対する疑問や、言葉に対する課題を国語の授業で解決しようとする姿も見られました。これらは、自分たちでやりたいことを考えていく「お話タイム」という時間でのことであり、実際に子供たちの思いや願いをもとに授業を行っていきました。


これは、スタカリと教科カリキュラムを接続する際に、国語科が言葉の学びであると「対象の自覚化」を促したこと、さらには国語で言葉について学ぶと楽しいし、できることが増えるといった「手応え感覚」を同時に育んだことで、子供たちの「やってみたい！」が生まれたのだと思います。

このように、子供たちの学びのストーリーを大切にした総合的な活動（学校探検）を行いながら、その中で学ぶ対象を自覚化し、学ぶと楽しい、出来ることが増えるといった手応え感覚を実感しながら教科学習が始まっていきました。教科の対象を自覚化し、学んだ手応えを感じることこそ、教科で遊び始める第一歩だと考えています。子供たちは遊びの天才ですから、何でどう遊ぶかがはっきりしてくれれば、そこからたくさんの遊びを生み出していきます。他にも学校探検からどのよう場面で他教科に接続していくかについては、左の表をご覧ください。

| | |
|---|---|
| 算数科 | 学校探検で「数探検」を行い、数や数字に興味・関心が湧いた後 |
| 音楽科 | 学校探検で「音楽室探検」を行い、楽器等に興味・関心が湧いた後 |
| 図画工作科 | 学校探検で「図工室探検」を行い、工作や絵に興味・関心が湧いた後 |
| 体育科 | 学校探検で「校庭探検」や「体育館探検」を行った後 |
| 生活科 | 全ての教科に移行した後（自分たちのやりたいことを中心にする教科） |
| 特別活動（学級活動） | 友達との関係性が築け、なかよしタイムが終わるとき |

そうやってスタカリも終わりを迎え、次第に教科学習に移行していきます。しかし、だからといって、木に竹を接ぐように教科学習が始まっては意味がありません。

左図のように幼児期の学びを受けて、それをスタカリで発展的に積み重ねていったように、教科カリキュラムもその延長上だと考え、積み重ねていくことが大事です。それを、「スタカリはスタカリ。もうスタカリは終わったから、後は小学校のカリキュラム」だと、教科カ

▶教科カリキュラムへの理想的な接続図

リキュラムに移行してまた「0からのスタート」にしてしまっては、あまりにもったいないのです。だからこその、Play からつながる Play 型授業が大事なのだと考えています。

スタートカリキュラムの具体的実践や環境設定、週案の立案などについては拙書も合わせてぜひご覧になっていただけますと幸いです。

## Play 型授業の「これから」

さて、ここまで皆さんと Play 型授業のこれまでを考えてきました。

幼児期の学びはまるごと遊び、つまり Play であり、そういった Play と Play 型授業をつなぐためのスタートカリキュラムがある。そんなお話をさせていただきました。

それは同時に、スタートカリキュラムが終わった途端に、それまでの幼児期の学びやスタカリ期の学びと別の文脈で教科カリキュラムに移行するといった、いわば小学校のカリキュラムを先延ばしにしたように接続する課題、そんな課題を克服するための Play 型授業でもありました。そうすることで、幼児期の学びと小学校期（児童期）の学びが発展的に積み重なるように接続されていきます。

そのように、幼児期にも、そしてスタカリ期にも終わりがあるように、低学年期もやがて終わり、中学年期を迎えます。いずれかのステージの終焉は、次のステージの始まりでもあります。接続という課題は常についてまわるのです。ということは、Play 型授業もいつか終わりを迎えるのでしょうか。

ここでは、そんな Play 型授業の「これから」について考えていきたいと思います。

## Play 型授業の行く末

形態を見たときに、幼児期の Play（遊び）は身の回りの環境との相互作用によって湧きおこる総合的な活動でした。対して、低学年期の Play 型授業でいう遊びは、もちろん相互に関連付くことはあるものの、基本的には国語科であれば言葉、算数科であれば数や数字、図形などというように、教科の対象ごとに細分化されたものでした。

それは、遊びの対象を焦点化するということであり、幼児期の学びを生かして規則や遊び方がパイディア（原初）的な遊びからルドゥス（複雑）的な遊びへと移り変わっていくことを意味します。つまり、Playがなくなるのでなく、形を変えながらより発達段階や教科カリキュラムに適した形で変わっていく（変えていく）ことで、子供たちが遊ぶという状態になるようコーディネートしていくのが本書でいうPlay型授業でした。

Play からPlay型授業への移り変わりを対象や遊び方の「変化」と捉える。そのような考え方にたつからこそ、実はPlay型授業にも終わりはないと考えています。**低学年期におけるPlay型授業は低学年期で終わるのでなく、中学年期に、また変化する**のです。

では、どのように変化するのでしょうか。

私は、「目に見える遊ぶ」という遊びの形態と遊ぶ心的態度がピタリと重なった状態から、「目に見えない遊ぶ」という一般的な遊びの形態を離れても遊ぶ心的態度は在り続けるように変化していくと考えます。あえて言葉で表現するなら「**遊びながら学ぶ（低学年期）**」から「**遊ぶように学ぶ（中学年期以降）**」となります。

考えてみてください。中学年以降の授業で、子供たちがまるで遊ぶように夢中になって学んでいることはありませんか。

例えば、四年生の国語「ごんぎつね」の授業。ごんは償いの甲斐なく、最終場面で兵十に火縄銃で撃たれてしまいます。子供たちは「第六場面のごんは幸せだったか」と学習課題を設定して議論しました。他にも三年の理科「明かりをつけよう」の授業。電気の通り道を回路と呼ぶことや回路になる条件、さらには電気は通すものと通さないものがあることを学んだ後、「銀色の折り紙の銀色の部分は電気を通すのか」について仮説を立て議論しました。

これらの話し合いは、授業時間が終わり、休み時間となっても、「もっと続けたいです。次の時間もやりましょう。」と子供たちが言い出したり、黒板前に集まって友達や教師に自分はこうだと思うと議論したりする姿が見られました。

どの実践でも、私の想像を超えて夢中になって学ぶ子供たちの姿がそこにはありました。しかし、今になって考えてみると、それらの実践には遊びの要素が見え隠れしていたように思うのです。

国語の事例であれば、ごんの心情をある子は登場人物に寄り添って考え、ある子は視点の変化と言うレトリックから考える。またある子は兵十との関係性から迫る。アプローチの方法こそ異なるものの、そこには誰かに「なりきる」といった模擬遊びの要素が見て取れます。

また理科では、ある子は金属が電気を通すという性質に解決の糸口を見出す。またある子は銀色の部分が紙か金属かを手触りや見た目から考える。そのように自分の経験や既習知識と関連付けながら仮説の是非について話し合う。そこには、新しい法則を発見する創造の遊びの要素が見て取れます。もしくは自身の論の正しさを競い合うという意味で競争の遊びの要素が隠れているのかもしれません。そして、両事例ともに、学びの連続性の中で子供たちから出てきた疑問（学習問題）であり、それゆえ、自己選択・自己決定の機会が生まれ、学ぶ文脈が形成されていたと考えられます。

これらの活動は一見遊びの要素が見えにくくなっています。それは、**教科の領域固有の認識論・方法論によって解決方法がより本質的に洗練されることで、遊びの規則や形態も複雑化されているから**です。ですが、見えにくくても確実に遊びの要素は隠れています。そう考えると、先ほどの授業で見せた子供たちの姿は、教科の対象、教科の本質に向かいながら「遊ぶように学ぶ」姿であると考えます。奈須（2017）や石井（2020）が主張する学びの文脈や状況を教科の背後にある本物の文化創造の営みに重ねる「教科する授業（do a subject）」（＝教科における真正の学習）も、大人の社会生活といった文脈の模写であるという点で遊びの要素が含まれていて、だからこそ、子供たちは夢中になって学ぶのだと私は考えています。

さらに、発達段階の移行による遊びの形態の変化について、第一章で登場したヴィゴツキー（1989）も次のように言います。

学齢期になると、遊びは死滅するのではなく、現実に対する関係のなかに浸透していく。遊びは、学齢期の教授―学習と労働（ルールを伴う義務的活動）のなかに内的に継承される。遊びの本質のあらゆる考察が示してくれたことだが、遊びのなかで、意味的世界と―すなわち、思考による場面と―現実場面とのあいだの新しい関係が創造されるのである。（34頁）

端的に言うと、学齢期になると発達に伴い「遊びは内的過程に、内言、論理的記憶、抽象的思考に移行する（22頁）」ということです。まさにそれは世の多くの人が認める遊びという形態を取らない活動であっても遊ぶことができるというように、**遊びが心的態度化した状態**であると言えます。

もちろん、このPlayが心的態度化する現象は低学年期でも、もっと言うと幼児期にも起こっていると考えられます。それがまさに遊びに「なる」ということでした。しかし、幼児期にしろ、低学年期にしろ、何らかの具体的な操作を行うことで、思考が促されるといった特徴があり、その形態は広く遊びと認知されています。

そして、中学年以降は九歳の壁という言葉に代表されるように一般的に抽象思考が可能になる学年だと言われています。発達の段階的に考えても、低学年は一般的に遊びだと考えられているような具体的な活動を通して「遊びながら学ぶ」、中学年以降はより教科の専門的な内容で「遊ぶように学ぶ」と系統的に考えていくのが理に適っているのではないでしょうか。

## 遊びの心的態度化とフロー体験

中学年以降の「遊ぶように学ぶ」といった遊びが心的態度化した状態は、ミハイ・チクセントミハイ（1996）が言うフローと似ています。チクセントミハイによると、フローとは、「一つの活動に深く没入しているので、他の何ものも問題とならなくなる状態（5頁）」であり、「その経験それ自体が非常に楽しいので、純粋にそれをするということのために多くの時間や労力を費やす状態（5頁）」であるとします。

そんな内発的動機づけをきっかけとした没頭できるほどの楽しい経験であるフロー。フローの時、人は高い集中力を発揮し、楽しさと満足感を感じ、自尊感情も高まります。

チクセントミハイはフロー体験を構成する要素を①達成できる見込みのある課題、②自身の行動への集中、③明確な目標、④直接的かつ即時的フィードバック、⑤苦労や欲求不満の除去、⑥自身の行為の統制感覚、⑦自意識の消失と自己感覚の強化、⑧時間経過感覚の変容と八つ規定しています。彼自身もフローが起こりやすい活動について、カイヨワの遊び論を用いて説明しており、このフロー体験は遊びとも非常に密接に関わって言えます。また、フローの八つの構成要素と本書で示した遊びの条件も重なりが多く見られます。まさに、遊び手が遊んでいるとき、私はそのときの「遊ぶ」という心的状態はそのままフローであると考えています。それは、遊ぶように学ぶ状態であっても同じです。

チクセントミハイは、フローとしての仕事と称し、「仕事をフロー活動として行うことが人間の可能性を実現する最良の方法であるという見方は、これまでの様々な宗教的、哲学的思想体系にきわめて数多く表れてきた（187頁）」と言います。これは、まさに遊ぶように学ぶ（仕事する）状態であり遊びが心的態度化しているのだと私は解釈しています。

また、遊びと重ねて考えたとき、注目したいのが達成できる見込みのある課題であることというフローの要件です。左の図を見てください。チクセントミハイはテニスプレイヤーの例を用いて、この課題の難易度の適当性について説明します。課題が簡単であったら人は退屈を感じフローから外れ、また課題が難しくても不安を感じるためフローから外れるということです。また、それぞれの状態は固定的でなく、A1の状態であっても、繰り返している内に能力が向上し、同じことに対する飽き（退屈）を感じる。そして、さらに楽しみたいという動機付けによってさらに高度なことに挑戦し、フローを再び感じるというように流動的なのです。

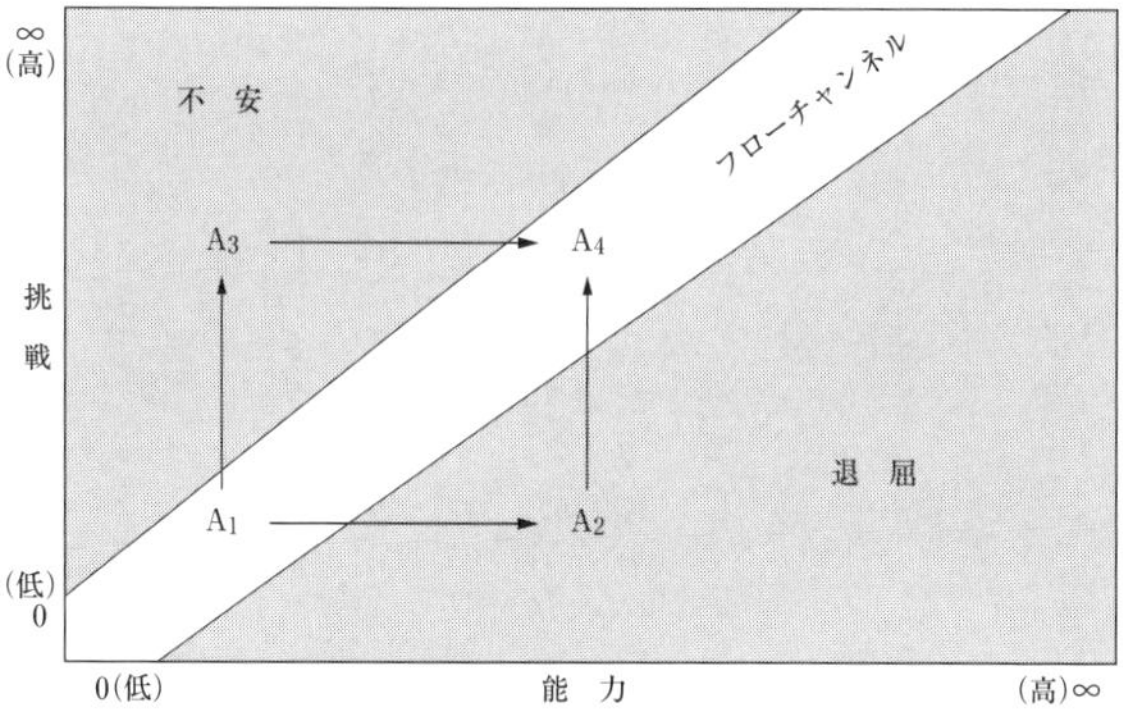

▶フロー体験の結果、意識の複雑さが増大する理由
チクセントミハイ（2016）より

興味深いのは、A1からA4に変容する一連の流れこそがフロー活動が人を成長と発見へと導く理由なのだとチクセントミハイが主張している点です。人はある活動に退屈や不安を感じると、楽しさを感じなくなる。そして再び楽しみたいが故に、より高度なことに挑戦したり、自己研鑽したりする。その結果、またその活動を面白いと感じるようなります。だからこそ、A4の方がより大きな

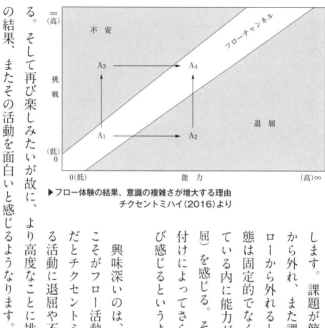

挑戦で、高度な能力を要求するため自ずと成長しているというわけです。それは、活動（遊び）が高度化していく過程とも重なります。これは、第一章で取り上げたシカール（2019）の言う、遊びを「fun（楽しさ）」ではなく、「pleasurable（快をもたらすもの）」と捉えるべきだとするという言説の根拠ともなり得ます。

この「課題の難易度設定」は遊びながら学ぶPlay型授業でも、遊ぶように学ぶ授業であっても重要になる視点です。ある学習活動で子供たちが飽きを感じたとき、適切なタイミングかつ適当な難易度の課題に挑戦できるように学習環境を設定できるか。また、ある学習活動で取り組み方や内容が分からず不安を感じる時に、自身で解決法を生み出せるように支援したり、具体的解決策を示したりできるか。このように、チクセントミハイのフローに関する研究や考察は、遊びで授業を創る上で多くの示唆を与えてくれます。

また第1章で挙げたデューイ（1951）も「遊戯性（Playfulness：遊び心）」という言葉を用いて遊びの発展的解消について「遊戯性が勝手な荒唐無稽に終始せず、また現実世界と並んだ架空の世界を作ることに終始しないためには、遊戯性は次第に仕事的態度へと進むことが必要である（254頁）」と述べます。

デューイの言う仕事とはオキュペーションのことであり、実験学校のカリキュラムを構成するもので、現代の小学校での授業に当たるものです。

つまり、**遊戯性が仕事的態度に進むことが望ましいとは、まさに「遊びが心的態度化した」状態への移行を意味する**と解釈できます。

デューイが大切にしたPBL（Project-Based-Learning）。Play型授業もPBL（Play-Based-Learning）。奇しくも二つの「P」が重なります。本書で主張する変化は「Play」から「Project」へといった活動形態の変化であり、形態は変化してもその根底に流れる「Playfulness（プレイフルネス）」自体は変わらないのだと考えています。むしろ、幼児期の遊びからPlay型学習へプレイフルネスを守り育むからこそ、中学年以降、形態が変わっても、その真髄は脈々と受け継がれていくのではないでしょうか。

## 接続再考①—グラデーションで考える—

では、具体的にPlay型授業での「遊びながら学ぶ」から「遊ぶように学ぶ」といった一見遊びという形態をとらなくても、「遊ぶ」を心的態度化していくために、どのように接続していけばよいのでしょうか。

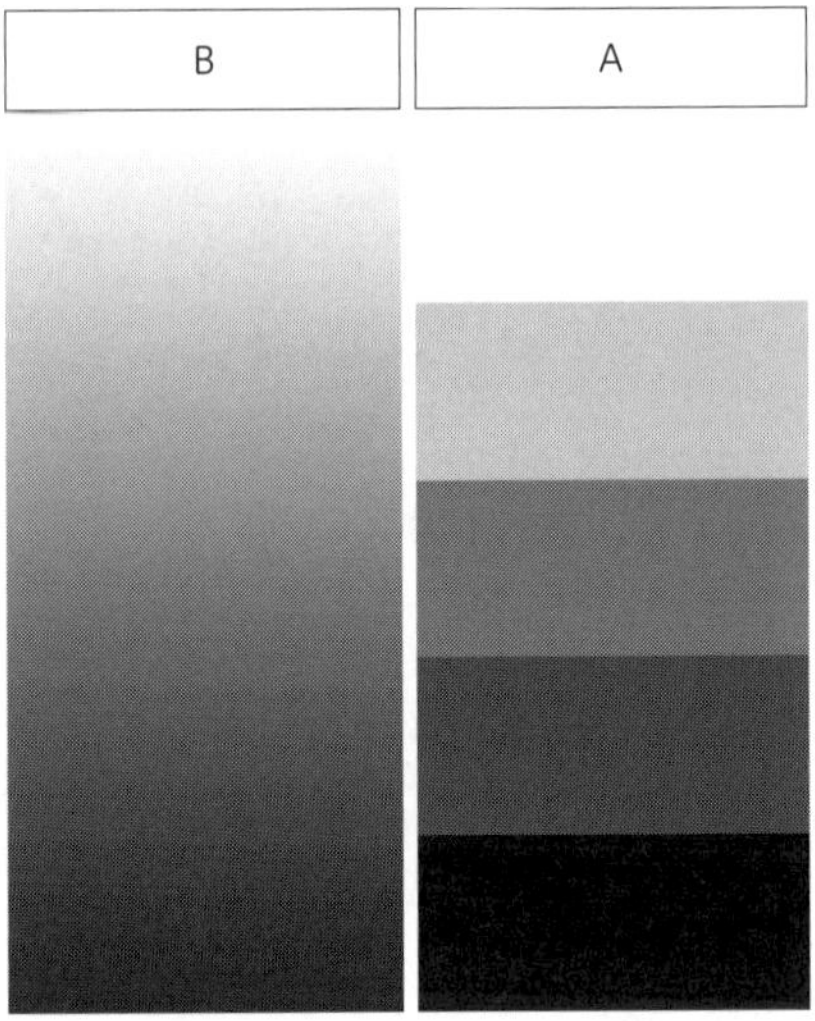


上のイラストを見てください。AとBの二枚の絵を見てどのような印象をもつでしょうか。Aのイラストは段々、はっきり、違いが分かるといった印象を抱く方が多いのではないでしょうか。

一方でBのイラストは連続、なめらか、違いが分かりにくいといった印象を抱く方が多いのでないでしょうか。

私が何かと何かを接続するといった時に、思い描くのはBのようなグラデーションです。グラデーションとは、異なる色の色味や濃淡を滑らかに連続して変化していくように見せるグラフィックデザインの手法の一つですが、この「滑らか」に「連続」しながらも「変化」していくというのがポイントです。

物事を円滑につないでいくためには、この連続して、つなぎ目が分からないくらい滑らかに変化し、つながっていくことが大事だと私は考えています。それは幼児期から低学年期であっても変わりませんし、それ以降も同じです。この滑らかな接続が意識されなかったことで、Aのイラストように違いや段差がはっきりし、その違いや段差に適応できなかった結果生じたのが、小一プロブレムであり中一ギャップなのではないでしょうか。

それらの課題からアプローチカリキュラムやスタートカリキュラムが生まれ、小学校高学年が教科担任制に移り変わろうとしていますが、それもこの滑らかさを意識してのことだと思います。そして、その段差は園から小学校、小学校から中学校というように、校種を越えるとき顕著になります。しかし発達という観点から見ると小学校の中でもその段差は確実にあるはずなのです。現に先ほど例に出したように九歳の壁などという言葉もあります。

そして、その思考様式の変化と言う発達的な階段の一つが二年生から三年生あたりに来ると私は考えています。だからこそ、その時期にPlay型授業からPlayが心的態度化された授業に変わる時も滑らかに連続的に接続すべきだというわけです。

その際に、私は「**活動形態の抽象化**」と「**教科の本質に迫る問いの比重**」を意識して一年間、ないしは二年間の学習を組み立てています。

**i　活動形態の抽象化を意識する。**

ある日の研究会で、研究同人の松村英治先生が園での学びの一場面を話題にお話ししてくれました。園では、同じふり遊び（おままごと遊び）をする際にも年齢によって遊び道具を変えているというのです。年少クラスでは食材や道具として、本物そっくりに模造された具体物を置き、年長クラスではそういった具体物でなく自分たちで作ったものを意図的に置くというのです。年長クラスでは、模造品でなくても見立てたり想像を働かせたりしながら遊ぶことができるという理由からでした。聞いていて、まさに発達段階に即した工夫だと感心しました。おままごとという具体的な日常生活の模擬遊びですら、そのように具体物から半具体物へとゆるやかにつなぐことが大事なのです。とすると、小学校でも教科で行う学習活動の抽象度は本当に子供たちの実態に合っているのか考えながら取り入れる必要があります。

これまで見てきたようにPlay型授業では、諸感覚や身体を使って具体的操作を行う活動が多くありました。それは、まず行動し、様々な対象から反応を得ることで思考が働くといった発達段階的な特徴ゆえでした。

しかし、その中でも抽象度には差があります。

例えば、国語科でよくみられる音読発表会と劇遊び。どちらの方が抽象度は高くなるでしょうか。私は音読発表会だと考えます。「おおきなかぶ」などで行われることの多い劇遊びは、身体表現中心で簡単に覚えられる会話文などのセリフを覚えて演じて楽しみます。対して音読発表会は個人もしくは複数人で物語文を音読する活動であり、音声のみで表現します。場面の様子を始め、登場人物のその時の様子、時には気持ちを声の強弱や声の大きさ、間の取り方を工夫することで表現します。

どちらの活動であっても、同じく低学年の学習ですので、国語のねらいは大きくは変わりません。ねらいとすべきは、場面の様子の把握であり、人物の行動やその様子、行動の理由を考え、理解することです。

両者を比べてみたとき、劇遊びは身体表現中心なので、そういった人物の行動やその様子を身振り手振りや表情を使って表現することができます。対して音読発表会は音声のみでそれらを表現することになります。難易度や抽象度はグッとあがっていることがお分かりいただけるかと思います。それはこれまでもパイディアとルドゥスという軸でお話ししてきたことでもあります。

劇遊びと音読発表会だけを見てみても、抽象度に明らかな差があることが分かります。この他にも実際には、様々な言語活動があり、難易度や抽象度も当然活動によって異なります。

ある年の一年生、一年間の物語文教材と主とした言語活動をまとめたのが次ページの表です。

| 教材名 | 学習活動 | 活動の説明 |
|---|---|---|
| いいてんき | 劇遊び | 登場人物の行動や様子に着目して、身体表現や表情、音声を使って表現する活動 |
| はなのみち | 劇遊び | |
| おおきなかぶ | 劇遊び | |
| おむすびころりん | 音読劇 | 登場人物の行動や様子に着目して、音声を中心として表情や簡単な身体の動きも取り入れながら表現する活動 |
| やくそく | 音読劇 | |
| くじらぐも | ペープサート劇 | 登場人物の行動や様子に着目しながらペープサートを制作し、それを動かしながら動作と音声で表現する活動 |
| たぬきの糸車 | 黒板シアター | 登場人物や場面を構成する物に着目しながら、絵を描き、それを黒板に張り替えながら音声で表現する活動 |
| ずうっと、ずっと、大すきだよ | 音読発表会 | 登場人物の行動や様子に着目しながら音声のみで表現したり聞き合ったりする活動 |

幼児期の学びとの関連も考え、身体表現中心の劇遊びから始まっているのが分かります。そして次に来るのは、音声表現と身体表現が合わさった音読劇です。身振り手振りで表現する方がより具体的ですので、身体表現が少なくなり音声表現の比重が高くなるという点で、音読劇の方が劇遊びより抽象度は高いと考えています。

さらに、そこからも少しずつ抽象度が上がっていきます。人物の行動（動き）をより客観的に捉えられるペープサート劇、そして文学的空所や表情、場面の様子により着目できる黒板シアター劇。そして最後に、音読発表会がやってきます。

このように、この年は意図的・計画的に、音声での表現を軸としながらも自分にとって近い身体表現から始まり、徐々に制限が加わり、身体性から離れていく活動が主たるものになりました。それは、仕込みと仕掛けを凝らすことで、子供の意欲を引き出し、自然な形で活動の抽象度が上がるように計画したからです。

これらは一年生の年間の取り組み例ですが、これが二年生になると、お手紙や続きのお話を書くというように音声表現から書くことでの表現や疑問を学習問題として話し合うことでの表現へと抽象度を上げていくことが考えられます。このようにグラデーションを描きながら活動の段差を緩やかにしていくことで、やがて音声という身体表現を介さなくても自然と思考を深めることができるようになっていきます。

ただ、例として出した国語科の場合、どのような言語活動を中心とすべきかは、ねらいと同様に子供たちの思いや願い、また教材の特徴によるところも大きく、それらとの兼ね合いを考えながら抽象度が上がるよう組み立てていくようにしています。

他にも、抽象度によるグラデーションの付け方は算数科でいうところの、具体物の操作が、ブロックという半具体物の操作になり、数字や図式という記号の操作になっていくことだと言えます。生活科で言うと、より身近な学校から、少し離れた地域へと学習対象を自分を中心として同心円状に広げていったり、朝顔栽培の次は自分で好きな野菜を栽培するなど教材の自己選択・自己決定の幅を広げていったりすることだと言えます。

### ii　教科の本質に迫る問いの比重

グラデーションのようにPlay型授業からPlayが心的態度化する授業に至るための工夫として、「教科の本質に迫る問いの比重」も意識しています。

小学校学習指導要領（平成二十九年告示）では、「教科ならではの見方・考え方」という言葉が示されました。そこでは見方・考え方のことを「物事を捉える視点や考え方」と説明しています。そのように教科ならではの見方・考え方といった教科固有の認識論や方法論があるのなら、当然その「教科ならではの問い（問い方、問題、学習課題）」があるはずだと考えるのが自然なことではないでしょうか。なぜなら教材を教科ならではの見方で捉えた結果、生まれてくるものが問いであると考えるからです。

例えば、クマが出てくる物語を読んだとき、「なんで主人公のクマはこんな行動をしたのだろう。」と問いが生まれたとします。まさにこの瞬間に「登場人物の変容に着目する」といった物語を捉える視点が働き、その結果問いが生まれたのだと考えられます。この国語科ならではの見方が働かなければ、「なんでクマなのに、しゃべることができるんだ。」と頓珍漢な問いが生まれることでしょう。そもそも、問い（学習課題）自体、教師側からしたら各教科の目標を達成するために設定したり取り上げたりするものですから、自ずとその教科なりの認識や追求の方法が可能な問いになっているはずです。だからこそ、国語科や道徳のように教科のねらいは違っているにも関わらず、同じ材を用いることができるということが起こり得ますし、その違いこそがまさに問いによる対象への迫り方の違いだと考えます。

ここで言う、その教科ならではの問いとは、国語科物語文での学習で言えば、一つには、「□□のときの○○の気持ちは」といった問いや「なぜ、○○をした／しなかったのだろう」といった登場人物の行動の理由や気持ちを考える問いが挙げられるでしょう。この問いが本質的だと言えるのは、物語文には登場人物の気持ちや心情の変容があり、そういった気持ちや心情の変容を読み取るためには、気持ちや心情に関する直接的表現や隠喩的表現、行動描写や情景描写などを捉え関連付けて解釈することが求められるからです。気持ちや心情を直接問うべきかどうかは置いといて、結果として気持ちを考えることで、言葉と言葉によって織り上げ、紡ぎ出された物語文（文学）テクストをより包括的により深く理解していくことにつながります。その背景には、「物語内容」や「物語言説」を主張したジェラール・ジュネットの物語論やロラン・バルトのテクスト論、ヴォルフガング・イーザーの読書行為論や、フェルディナン・ド・ソシュールの言語理論などといった様々な文学理論や言語学理論があると推察できます。

そのように、教科の本質に迫る問いとは、教科ならではの方法論でアプローチできる問いだと言えます。

しかし、この教科の本質に迫る問いが自力で解決できるようになるのは、その教科での学びがある程度熟達した状態にいる子の場合です。

この根拠として、熟達化に関する研究があります。熟達者と初心者とを比べたとき、熟達者は対象の事柄に対する知識が豊富かつ構造化され、それ故に様々な場面に適用可能であるというのです（田中2008）。また、奈須（2017）は物理学の熟達者は学問構造に近似した体系的なスキーマがあることを明らかにしたチーの研究を紹介しながら、「教科を学ぶとは単に知識の量が増えるだけでなく、知識の構造のありようが、その教科の親学問が持つ固有な構造に近似していくよう組み変わり、洗練されていくこと（124頁）」としています。ここで言うスキーマとは、「外界の知覚や言語の使用、思考などの認知的な活動を支える、構造化された知識のこと（中條、2005、106頁）」を意味します。それは、まさにこれまで度々登場したシェマと基本的に同型であるとみなすことができます。**スキーマが洗練・精緻化されることは、つまり同化と調節によってシェマが拡充・洗練されることと意味を同じくします**。

　これらからも分かるように。その教科の本質に迫る問いをいきなりポンと提示しても、その教科の学びのスキーマが獲得されていない場合、考え方（迫り方）が分からず、難しさとつまらなさを感じる、もしくは学びは深まっていかないのではないでしょうか。もとより、そのような問いが子供たちの側から生まれることなどほとんどないのでしょう。それは、子供たちがその教科ならではの学びの文脈を理解できていない状態だと言い換えることもできるかもしれません。

一年生で具体的にみましょう。

国語科や算数科の教科学習がスタートするのが小学校一年生です。そんな小学校一年生に国語科で「このお話の効果は？」という問いや「筆者の主張はどんなことでしょう。」という問いをぶつけてみたらどうなると思いますか。きっとポカンとして、それで終わりです。もしくは、叙述など気にせず、自由に想像しながら話し始めるかもしれません。

それは当たり前でしょうと、多くの先生方が仰るかもしれません。

唐突すぎるから、系統的に学ぶ必要があると思われるかもしれません。

思えば当たり前で、一年生はそういった国語の学びといったスキーマがない以上、どう考えればよいか、またどうアプローチすべきかも分からないはずだと考えるからです。そもそもなぜそのようなことを考えるのか、必然性もありません。だからこそ、多くの方が一年生の最初の物語から先ほどの内容を始め、「○○の心情に変化はあるのか？」とか、説明文では「一段落と二段落はどのような関係でしょうか。」などと発問はしないのだと思います。そういった問いを扱うこと自体に違和感を覚えるのです。

でも学年が進むにつれいつかは、そういった国語科らしい授業に変わっていきます。では、そういった問いはいつ、もしくは系統立てられた指導のどの段階で用いることができるのでしょうか。

　私はそういった「教科や教材の本質に迫るような問い」は一年生であっても授業で取り扱うべきだと思います。ただ、子供たちの学びの文脈に重なる、もしくはその延長線上にそういった問いが立ち現れてくることが大事だと考えています。


　低学年を繰り返し担任して感じることがあります。それは低学年の子供たちの学びの文脈依存度の高さです。自身の身近な生活や経験とつながっていたり、昨日は○○をして、△△ができなかったから、今日は□□をやるというように、学ぶことが連続していたりすればするほど学習効果が高いということです。例えば、「誰にだって初めてはある」と割り切り、先ほどのように、その教科、その教材ならではの問いをいきなり投げかけ、慣れさせるという方法を試したとしても、きっと多くの子は戸惑ってしまうでしょう。それは、考えるための足場がないからです。日常の生活と関連付く、もしくは前時や前単元の学びとつながる、そういった考えるための足場がないので、考えようがないのです。

　自身の身近な生活や経験と関連付けるために有効なのは、具体的な「例え」による置き換えです。体育科の水遊びで「頭を水につけて下を向き、手と足の力を抜いて、浮いてごらん。」と言っても、その理想的な姿をほとんどの子は想像できません。でも、「くらげさんに変身して浮いてごらん。」と言うだけで、多くの子は「あぁ！」と前述した姿勢でくらげ浮きを始めるでしょう。くらげの真似というのが子供たちの考える足場になるからです。算数科でも「8—2」が分からなくても、「今日のおやつはチョコを八個もらいました。二個食べました。残りは？」と具体的に聞かれると多くの子は理解できるということもあります。国語科では、一年生の入門期に「主語＋助詞（が、は）＋述語＋読点」からなる文構造を学習します。子供たちははっきりいって何のことだか分かりません。それを主語を頭、助詞を首、述語を体に例えたとたんにすっと理解できるようになります。

このように、学ぶことを身近なことに例えたり、身近な場面に置き換えたりすることで考える足場ができ、理解できるようになります。低学年を担任していると、そのようなことが往々にしてあります。

同様に、子供たちが教科や教材の本質に迫るような問いと自然と出会い、必然性をもって解決したいと思えるように、学ぶ文脈を形作ることも大切です。ですので、教科の本質に迫る問いを教師がぶつ切り状態でバラバラに与えたり、子供たちの遠い世界の話題を提示したりすることを私はあまりしません。Play 型授業では遊びの要素を含む学習活動を設定していますが、そうした活動を遊び込む中で、教科の本質に迫る問いが自然と立ち現れてきたり、その問いを解決することで学習活動（子供にとっては遊び）がさらに豊かになったりする。そのように問いを設定します。そうして、単元の中でそのような「問い」が占める割合を段々に増やしていくように計画しています。それが、私が思い描く「教科の本質に迫る問いの比重」といったグラデーションです。次ページの表を見てください。ある年の一年生の国語授業の課題一覧です。

基本的には、劇遊びを行うために登場人物や会話文を確認したり、場面ごとの表情を考えたりするなど、どの単元でも主たる学習活動と関連性の強い学習課題を解決していったのがお分かりいただけると思います。そうしながら国語科としてのねらいにも迫っていきます。

これが一年生最後の物語文教材である「ずうっと、ずっと、大すきだよ」では、「ぼくの気持ちや行動の『?探し』をしよう」「なぜぼくはとなりの子から子犬をもらわなかったのだろう」となっています。より教材や国語科のねらいに迫る課題となっています。もちろん、ここに至ったのにも子供たちなりの必然性があります。音読発表会という課題に向けて、これまでの学びの経験も生かしてより本物っぽく読むためには、スラスラ読むだけでなく、人物の気持ちや様子を工夫して読む必要があると考えたのです。この年は、これまでもそういった音読の方法を「気持ち様子読み」と名付け取り組んできました。だからこそ、気持ちや行動の疑問（子供たちの言葉で言うと「?」）を解決することが「気持ち様子読み」を豊かにすること、ひいては「音読発表会で本物っぽく読む」という単元を貫く課題と重なったのです。

| 教材名 | 学習活動 | 学習課題一覧（取り組んだ学習課題順） |
| --- | --- | --- |
| いいてんき | 劇遊び | ①絵ごとのお話を考えよう。②みんなで劇遊びをしよう。 |
| はなのみち | 劇遊び<br>ひとり学び | ①はなのみちで何をしたいか考えよう。②役とセリフ確認をしよう（劇遊びの準備）③りすさんのセリフを考えよう。④森の動物たちのセリフを考えよう。⑤花はどのタイミングで咲かせるといいだろう。⑥「あたたかいかぜがふきはじめました」はいる、いらない。 |
| おおきなかぶ | 劇遊び<br>ひとり学び | ①おおきかぶで何をしたいか考えよう。②役とセリフ確認をしよう（劇遊びの準備）③おじいさんの表情は？④グループで工夫ポイントを決めて、練習しよう。⑤学習を振り返ろう。 |
| やくそく | レベルアップ音読劇<br>ひとり学び | ①やくそくで何をしたいか考えよう。②役とセリフ確認をしよう（音読劇の準備）。③「」のセリフは誰のセリフだろう。④登場人物の行動や様子が分かるところに線を引こう。⑤付け足したい動きを考えよう。⑥グループで工夫ポイントを決めて、練習しよう。⑦学習を振り返ろう。 |
| くじらぐも | ペープサート劇<br>ひとり学び | ①くじらぐもで何をしたいか考えよう。②役とセリフ確認をしよう（ペープサート劇の準備）③登場人物の行動や様子が分かるところに線を引こう。③表情を考えて、場面ごとのペープサートを作ろう。④「天までとどけ、一、二、三」の読み方は同じか、違うか。⑥「○○のほうへ」行ったとき、何が見えたのかな。⑦グループで工夫ポイントを決めて、練習しよう。⑧学習を振り返ろう。 |
| たぬきの糸車 | 黒板シアター<br>ひとり学び | ①たぬきの糸車で何をしたいか考えよう。②役とセリフ確認をしよう（黒板シアターの準備）③登場人物の行動や様子が分かるところに線を引こう。④おかみさんは、なぜ「いたずらもんだが、かわいいな」と言ったのだろう。⑤たぬきが回す糸車の音は同じか、違うか。⑥冬の間、たぬきは何をしていたか考えてお話をつくろう。⑦グループで工夫ポイントを決めて、練習しよう。⑧学習を振り返ろう。 |
| ずうっと、ずっと、大すきだよ | 音読発表会 | ①ずうっと、ずっと、大すきだよで何をしたいか考えよう。②役とセリフ確認をしよう（音読発表会の準備）③登場人物の行動や様子が分かるところに線を引こう。③ぼくの気持ちや行動の「？探し」をしよう。④なぜ「いくらか気もちがらくだった」のだろう。⑤なぜぼくはとなりの子から子犬をもらわなかったのだろう。⑥工夫ポイントを決めて、練習しよう。⑦学習を振り返ろう。 |

もちろん一足飛びにここに至るわけではありません。劇遊びを行う中で、「人物の行動描写に着目すると劇がグッと本物っぽくなった」と気付いたから、次から行動や様子に関する叙述を最初に確認するようになったというように、細かいきっかけがたくさんあります。

以上のように単元での学びが積み重なるにつれて、教科のねらいや教材の特徴に迫っていけるように、質的にも量的にもグラデーションのように滑らかにつながっていっているのが分かると思います。

この問いの比重は、第一章で見てきた遊びの研究とも重なります。ピアジェはシェマによる対象の同化、シェマの調節と言う考え方で、模倣は調節の連続で、遊びは同化の連続であると言いました。同化の連続とは、ブルーナーの言う、ポスト・マスタリー・プレイ（応用の場）とも類似しています。つまり、模倣を通して新たな枠組みを自分の中に取り入れながら、その構成した枠組みがどんなことに適用可能なのか遊びながら広げていく。それは、幼児期に獲得したある対象との関わり方を様々に適用していくこと（＝幼児期の学びを生かした問い：同化）から、新たな枠組みを獲得するために模倣していくこと（＝教科の本質に迫る問い：調節）へとバランス（比重）を考えることと重なります。

このように、**「活動形態の抽象化」と「教科の本質に迫る問いの比重」を意識してグラデ**

**ーションのように接続していくことで、遊びながら学ぶ状態から、遊ぶように学ぶといった「遊ぶ」が心的態度化する状態へと移行していく**ように学びを積み重ねています。

そして、このグラデーション的接続でお分かりいただけたかと思いますが、Play型授業による遊ぶように学ぶ状態から、遊ぶが心的態度化した状態にいつ移り変わるかは、「ここ」といった明確な区切れはありません。だからこそそのグラデーションですし、それはその時の子供たちの育ちや学びのストーリー次第だからです。

私もこれまで実践してきて、一年生の二月頃には、Play型授業からその教科ならではの学習過程や問いをメインで扱う授業へと移行した時もあれば、三年生の五月頃までPlay型授業の実践をした時もありました。まさに、その時々の子供たちの状態によります。そして、それは個人の資質より、どのような学びを積み重ねてきたかが大きいように感じています。

Play型授業でも、ある活動が子供たちにとっての遊びに「なる」ために、子供たちの様子や状態に気を配り、つぶさに見取る必要がありました。そして、それはPlay型授業から、次につなげるためにも必要不可欠なことです。それは、形態は変わっても根底にあるプレイフルネスは変わらないと考えるからです。となるとやはり、授業は遊びを取り入れるからと言っても、いや遊びを取り入れるからこそ、真ん中に据えて考えるべきは、今目の前にいる子供たちの内側に何が芽生えているかなのです。

## 接続再考②―適切な関わり方の変化だと考える―

次ページの板書写真を見てください。私が三年生の時に行った理科の導入授業です。この年は植物や虫に興味を抱く子がとても多い学級でした。

「理科の授業ってどんなことをするんだろうね。」

と理科の教科書をパラパラとめくっていきました。そうすると虫が出てきたり植物が出てきたりと大興奮。生活科でも行ったという春の生きものビンゴをすることになりました。春ビンゴをした後、

「終わるのは嫌だ。虫や植物育ててみたい！」

という発言が飛び出しました。そこで私が、

「でも、生活科でも同じようなことやったんでしょ。同じことをするの？」

と問いかけました。すると、子供たちはたたみかけるように、

「先生、でも教科書を見てください。ほら、虫や植物のことが載ってるよ！」

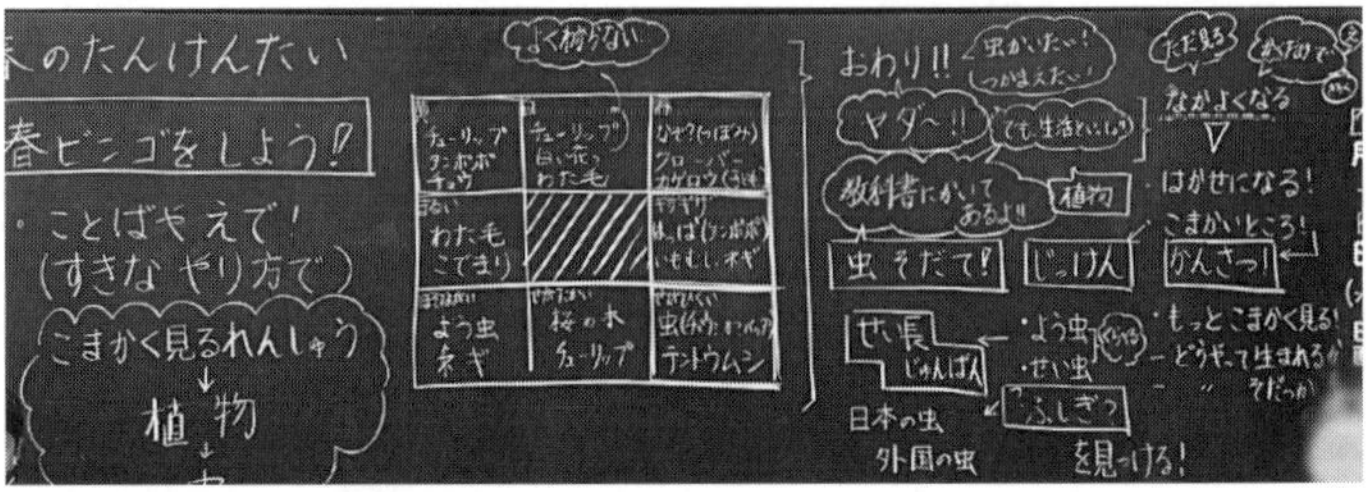

▶３年生理科の導入授業の板書

と言う子が出てきました。さらには、

「先生、あのね、生活科と理科は違うんです。」

と発言する子もいます。何が違うか尋ねると、

「生活科はね、飼って仲良くなるのがめあてだったけれど、理科はね違うんです。博士になるんです。」

というのです。議論を全体に広げてみると、

・博士になるためには、細かく見ること
・細かく見ることを実験とか観察と呼ぶこと
・虫を育てるだけでなく、どのような場所でどのように生まれ育っていくかを調べること
・不思議を見付けて解決していくこと

と生活科と違う子供たちなりの理科の教科観がはっきりとし、理科の学習が始まっていきました。

低学年から中学年の接続を考えたときに、「**適切な関わり方に変化する**」という見方もできます。さきほどの理科授業のようにです。これまでの章でも度々登場したピアジェによるシェマによる対象への同化、シェマの調節という考え方。もしくは初心者から熟達者になるに向けてスキーマが精緻化されるという考え方。そういった知見をもとにしながら考えると、学ぶとはある対象（材や自分の身体や精神も含む自分自身でコロントロールできないもの）との関わりが深くなることだと私は考えています。関わりが深くなるとは、自分自身では上手くコントロールできない対象と関わり合い、試行錯誤しながら同化と調節を繰り返す。もしくは、スキーマを精緻化する。そうしながら、その対象と適切に関わることができるようになっていくことです。

その中でも低学年と中学年とでは、求める「関わりの適切さ」の度合いが違います。第三章の実践例や本項冒頭の理科授業の例でも見てきたように、低学年で求める対象と適切に関わることができたかの判断を下すのは自分自身です。それは低学年教育の核となる生活科の「思いや願いの実現」という言葉にも表れています。自然物や動植物といった対象と「仲良く」なれたかの判断は自分で下します。ただ、自分で判断すると言っても何でもありというわけではなく、もちろん規準はあります。間違った関わり方をしては、対象との関わりは上手くはいかないし、深まりませんから。

例えば、野菜のお世話をしていて、水をあげないという関わりをすると、当然野菜は枯れてしまいます。明らかに間違った関わり方をしても上手くいかないのです。ですが、適切な関わり方は無数にあります。苗の間引きをする、脇芽を摘むといった関わり方は質のよい野菜を沢山収穫するといった観点から見ると適切な関わり方ですが、唯一の関わり方ではありません。肥料をあげたから実がなったのかもしれませんし、日光をたくさん浴びさせたから実がたくさんなったのかもしれません。もしかしたら歌を聞かせたことがよかったのかも。

明らかな関わり方の間違いは結果が教えてくれます。ですが、現実世界で成功へのアプローチがたくさんあるように、適切な関わり方の正解が多様にあるのが低学年の授業です。そのように、**正解は多様にあると考え、そういった多様な関わり方を試行錯誤し、豊かに発想しながら取り組むことができるのが低学年の授業のよさ**です。そのように、多様な対象と関わりながら自分なりの適切な関わり方を見付け、出来ることを増やし、成し遂げた経験を重ねる。そうして、出来るようになったことを振り返り、成功や成長を喜ぶといった経験の点を増やしていくことが低学年教育では大事だと思うのです。

私たちの世界には様々な事物・事象が溢れています。無限にあるそれらと関わり、関わりを深めることで自分の世界が広がっていく。それはとても素晴らしく価値あることです。

ですが、それと同時に、私たち人類はある対象にどのように関わるとよりよい結果が得られるかを膨大な時間をかけて蓄積してきました。先人たちの発見の上に新たな発見を積み重ねて進歩してきました。過去のそういった文化的に価値あると判断されたものを学ぶこともとても価値あることです。

そういった知見を生かし、対象への関わり方の適切さを求めるのが中学年以降の授業だと私は考えています。国語科で言う物語文の文学然り、算数科でいう数学然り。人類はそれらの対象に対して深く関わる、つまり適切に関わる方法を研究し、集積してきました。文学と言う対象によりよく関わる方法として、価値ある文学作品を書いた作家の思想も含めて読み解く作家論があり、作品というテクストにのみ純粋に価値を求める作品論がある。さらには、テクストを読み手がどう解釈し、読み手自身にどのような意味が生成されたかこそが重要であるとするが読者（読書行為）論がある。そのような文学史的変遷もありながら、文学に適切に関われるであろう方法が研究され、時の国語教育に大きな影響を与えてきました。そして、それはどの教科であっても同じことが言えるのではないでしょうか。

そもそも教科カリキュラムには「親学問という言葉がある通り、各教科の上にはそれに対応する大人の世界で認定ずみの知識・技能・価値の体系が存在（奈須、2017、119頁）」しているのです。つまり、ほとんどの教科で学ぼうとしていることは、その教科の対象と適切に関わるための方法が既にあるということです。そしてそれは冒頭の理科の授業の導入で見てきたように、子供たちは案外感覚的に分かっている場合もあります。もちろん、教科と一括りに言っても自身の生活を対象とする生活科や家庭科、他にも社会科などは検討の余地があるでしょう。

低学年と中学年の違いを教科の対象と適切に関わるため適切さの度合いの違いにあるとします。そしてそれを、複雑さと捉えると遊びの文脈とも重なってきます。遊びにはパイディアとルドゥスという軸がありました。低学年で求められるPlayが教科的に見たときに教科のさわりであり、比較的単純なものだとします。そうした時に、中学年以降の学習は、教科的に見るとより複雑化されたものだと言えます。

遊びでも、ルドゥスの度合いが強くなれば強くなるほど、規則や行動様式が複雑になります。それはおままごとから劇へといった模擬遊びでも、かけっこからスポーツといった競争遊びでも見られる構造でした。そして、複雑化された遊びを楽しむためには、ある程度の技能を必要としたり、複雑な規則を理解したりする必要がありました。

これは、学習でも同じことが言えます。教科的に複雑化された内容であればあるほど、楽しむためにはその教科ならではの楽しみ方を知る、もしくは身に付けておく必要があります。

それはその教科ならではの見方・考え方と呼ばれるものと重なります。そして、そういった段階に至るまでには初心者のスキーマを徐々に熟達者のスキーマへと精緻化させる必要があります。

例えば、数学者がある数列を見たときに夢中になって規則性を見つけ出すように、植物学者が路傍の植物を何時間でも観察しているように、初心者にはよく分からないけれど、熟達者から見たら飛び上がるほどの知的興奮がその事象にある。こういった例は往々にしてあります。その分野（教科）に熟達したスキーマをもつならば、一見複雑で難しい事象であっても、遊ぶことができるのです。いやそうであればあるほど、夢中になるのかもしれません。

つまり、教科的に複雑化された価値ある問いを提示しても学習者が遊ぶように学べない（＝つまらなさを感じる）時、その教科ならではの遊び方を知らないことも要因の一つなのです。

さて、接続をめぐって、幼児期から低学年期、そして低学年期から中学年期へと、どのように接続していくとよいか考えてきました。幼児期の学びから発展的に、かつ連続してなめらかなグラデーション的に接続していくための具体的な方法論からその裏側にある教師の姿勢（観）までお話をしてきました。

接続の核を為すのは、学ぶとは自分が知っていることやできることを駆使してまた新しいことを知ったり、できるようになったりすることを増やしていく営みであるという考えです。それは様々な対象との相互作用をへて、ふさわしい関わり方を獲得したり、関わり方を深めたりしていくことでもあります。そして低学年期にあってはそれらの考え方を実現するための鍵こそが「遊び」という形態、「遊ぶ」と言う心的態度であると実践しながら強く感じています。

# おわりに

「Play型授業の太陽と月のような一冊」

それが本書のコンセプトです。前著では、Play型授業の具体的な内容や方法を記し、他学年のように当たり前が通じない1年生の担任の悩みを解決できるよう記しました。今回はその裏側にある私なりの理論や教育観、そして実践について記しました。

子供たちにも学ぶ文脈があるように、教師である私自身もその方法に至った文脈があります。授業を行うとき、教材の選択に際しても提示方法に関しても、教師は意図をもって様々なことを取捨選択し授業を創っていきます。無自覚な部分もあるかもしれませんが、その選択の背景にはその教師なりの授業観、さらには教育観などが影響しているはずです。だからこそ、ある教授法について学ぶときには、方法論だけでなく、その根底にある授業論や教育観などとセットで学んでこそ理解が図られます。それはその教師自身の教える文脈をまるごと理解することだと言えます。

だからこそ本書では、Play型授業の根幹をなす遊びの理論的考察や、具体的実践、さらには、表に出すのが恥ずかしい実践上の私の苦い思い出も載せています。そうして、私自身も無自覚であった授業観や教育観を含めて、整理していきながらPlay型授業へと至るストーリーを書き連ねました。

その中でより明確に見えてきたのは、やはり私の中で学びを考えるにあたって「遊び・遊ぶ」が軸であるという私自身の教育観でした。私は学ぶことはドキドキワクワクできる最高に楽しいものだと子供たちに伝えたいし、実感してほしいと強く願っています。

そして、そのような学ぶことを楽しもうとする態度は低学年期だけでなく、広く幼児期から、義務教育と呼ばれる制度を終えて、大人になってからも必要だと考えています。

だからこそ、Play型授業やPlay型学習（Play-Based-Learning）で目指しているのは、低学年教育その場限りのものでもなければ、実はある一定の型でもありません。育みたいのは人生をPlayfulにするための学び手の態度を涵養することなのです。そういった意味で、Play型授業の本当に目指すところはPlayfulness-Based-Learningと言えるかもしれません。

あなたの身の回りには、とても楽しそうに仕事をしている人はいませんか。もしかしたら、あなたこそ、そうであるかもしれません。大人になり社会に出たとき、何事も楽しめる、楽しもうとするそんな態度が育まれているならば、きっとその人には幸福な人生が待っていることでしょう。それは、ウェルビーイングな状態であると言い換えてもいいかもしれません。何事であっても楽しめるのはまさに、遊ぶが心的態度化した状態だと言えます。

私も教師である以上、平仮名や漢字は書けるようになってほしいですし、たし算やかけ算ももちろん確実に解けるようになってほしいと思っています。そして、子供たちがそういった力を付けられるよう、工夫しながら指導もしています。

ですが、私自身が最も大切にしたいのは、その子の人生がその子らしく楽しくあることですし、その鍵は繰り返し申し上げている「遊び」にあると考えています。

楽しみながら学ぶのか、勉めることを強いられるのか。その分かれ道こそが遊ぶと学ぶが変化していく、まさに小学校一年生を含む低学年期なのです。低学年教育はその子の一生を左右するほど大きなものであり、大切にしたいものであると考えています。

だからこそ、低学年教育が変われば、一人一人の未来が変わり、その大きなうねりは日本の在り様をより幸せな方向に変えると私は信じています。

さて、「はじめに」で、ある問いを読者の皆さんに投げかけていました。

そうです。

「『そこに、遊びがある授業』の『そこ』とはどこだと思いますか。」
という問いでした。最後までお付き合いいただいた皆さんには、その答えがもうお分かりですね。

『そこ』とは、遊びが行われる日常の場であり、授業の場のことを指します。

また、遊びは形態でなく、遊び手による心的態度でした。
だからこそ、『そこ』とは、目に見えない子供たちの心の中のことを指します。

そして、授業を創り、子供たちの心に遊びの火を灯すのは、私たち教師でした。
それゆえ、『そこ』とは、教師の心の中のことも指します。

私たちが遊び心をもって、もしくは「楽しい」と思って、授業づくりに没頭し、熱中し、夢中になるとき、きっとそこには「遊び・遊ぶ」熱が生まれ、その楽しさの熱は確実に子供たちに伝わっていきます。だからこそ、私はこれからも、自分自身の「遊び・遊ぶ」を大事にし、教師と言う仕事を楽しみ尽くしたいと思います。

結びに、本書の発刊にあたり、たくさんの方々のご尽力を賜りましたこと、深く感謝いたします。

まず、これまで本当にたくさんのことを学ばせていただいた子供たちと保護者の皆様に感謝の気持ちを伝えたいと思います。ありがとうございました。

また、いつも共に楽しみながら学び合い切磋琢磨する同僚や研究会の先生方、様々な場で指導や助言をくださった先生方にも心より御礼申し上げます。

そして、東洋館出版社の杉森さま。冒頭のコンセプトを提案いただき、遊ぶように楽しく本づくりの旅路を共に歩んでいただけました。おかげさまで、本書を発刊することができました。本当にありがとうございました。

最後に、遊ぶように動き回る自由奔放な私をどんな時でも温かく応援してくれ、共に楽しんでくれる妻と子供たちへの感謝の言葉で本書を閉じたいと思います。いつも本当にありがとう！

安藤浩太

## 【引用・参考文献】


・安藤浩太（2022）『スタートカリキュラムと教科をつなぐ小1担任の授業術　クラスがみるみる集中する！　遊びと学びでつくるPlay型授業』明治図書出版
・石井英真（2020）『授業づくりの深め方　「よい授業」をデザインするための5つのツボ』ミネルヴァ書房
・稲垣忠（2019）『教育の方法と技術　主体的・対話的で深い学びをつくるインストラクショナルデザイン』北大路書房
・井上俊（1995）『岩波講座現代社会学第20巻（仕事と遊びの社会学）』岩波書店
・井庭崇（2019）『クリエイティブ・ラーニング　CREATIVE LEARNING　創造社会の学びと教育』慶應義塾大学出版会
・今井和子（2013）『遊びこそ豊かな学び―乳幼児期に育つ感動する心と、考え・表現する力』ひとなる書房
・上田信行・中原淳（2012）『プレイフル・ラーニング』三省堂
・ウォルター・J・オング／桜井直文他訳（1991）『声の文化と文字の文化』藤原書店
・小野健太郎（2022）『オーセンティックな算数の学び』東洋館出版社
・加用文男（1990）『子ども心と秋の空：保育のなかの遊び論』ひとなる書房
・河崎道夫（1994）『あそびのひみつ　指導と理論の新展開（新保育論；3）』ひとなる書房
・河崎道夫（2008）『あそびのちから―子どもとあそぶ保育者のしごと（保育の教室）』ひとなる書房
・グラント・ウィギンズ、ジェイ・マクタイ／西岡加名恵訳（2012）『理解をもたらすカリキュラム設計「逆向き設計」の理論と方法』日本標準
・ケビン・コナリー、ジェローム・ブルーナー／佐藤三郎訳編（1979）『コンピテンスの発達：知的能力の考察』

誠信書房
・国立教育政策研究所編（2016）『資質・能力―理論編』東洋館出版社
・佐伯胖（2003）『「学び」を問いつづけて　授業改革の原点』小学館
・佐伯胖（2004）『「わかり方」の探求　思索と行動の原点』小学館
・佐伯胖監修／渡辺信一編（2010）『「学び」の認知科学事典』大修館書店
・桜井茂夫（2009）『自ら学ぶ意欲の心理学―キャリア発達の視点を加えて』有斐閣
・佐藤学（2009）『教師花伝書』小学館
・佐藤学・秋田喜代美・志水宏吉・小玉重夫・北村友人編（2016）『学びとカリキュラム（岩波講座教育変革への展望第5巻）』岩波書店
・ジーン・レイヴ、エティエンヌ・ウェンガー／佐伯胖訳（1993）『状況に埋め込まれた学習―正統的周辺参加』産業図書
・ジェラール・ジュネット／花輪光・和泉涼一訳（1985）『物語のディスクール　方法論の試み』水声社
・ジャン・ピアジェ／大伴茂訳（1962）『遊びの心理学』黎明書房
・ジャン・ピアジェ／大伴茂訳（1963）『模倣の心理学』黎明書房
・ジャン・ピアジェ／岸田秀訳（1971）『子どもの因果関係の認識』明治図書出版
・ジャン・ピアジェ他／赤塚徳郎、森楙監訳（1978）『遊びと発達の心理学』黎明書房
・ジャン・ピアジェ／谷村覚・浜田寿美男訳（1978）『知能の誕生』ミネルヴァ書房
・ジャン・ピアジェ／秋枝茂夫訳（1982）『教育の未来』法政大学出版局
・授業づくりネットワーク編集委員会編（2022）『学校にプレイフルを取り戻す！』学事出版
・ジョセファ・ニーナ・リーバーマン／沢田慶輔・沢田瑞也訳（1980）『「遊び方」の心理学：遊びの中にみる想像

と創造性』サイエンス社
・ジョン・デューイ／植田清次訳（1951）『思考の方法』春秋社
・ジョン・デューイ／宮原誠一訳（1957）『学校と社会』岩波書店
・ジョン・デューイ／上野正道訳（2019）『デューイ著作集7　明日の学校，ほか』東京大学出版会
・白水始（2020）『対話力 仲間との対話から学ぶ授業をデザインする！』東洋館出版社
・シーモア・パパート／奥村貴世子訳（1995）『マインドストーム 子供、コンピューター、そして強力なアイデア』未来社
・スザンナ・ミラー／森重敏・森楙監訳（1980）『遊びの心理学―子供の遊びと発達―』家政教育社
・高櫻綾子（2019）『子どもが育つ遊びと学び　保幼小の連携・接続の指導計画から実践まで』朝倉書店
・髙橋たまき他（1996）『遊びの発達学基礎編』培風館
・髙橋たまき他（1996）『遊びの発達学展開編』培風館
・竹内通男（2015）『ピアジェの構成主義と教育―ピアジェが私たちに投げかけたもの』あるむ
・田澤里喜・吉永安里（2020）『幼児教育から小学校教育への接続』世界文化ワンダークリエイト
・多鹿秀継（2008）『学習心理学の最先端　学びのしくみを科学する』あいり出版
・多田道太郎（1978）『遊びと日本人』筑摩書房
・田近洵一（1991）『戦後国語教育問題史』大修館書店
・田近洵一・井上尚美・中村和弘（2018）『国語教育指導用語辞典第5版』教育出版
・田中耕治編（2010）『よくわかる教育評価第三版』ミネルヴァ書房
・田中智志・橋本美保監／遠藤司編（2014）『教育心理学』一藝社
・ダニイル・エリコニン著／天野幸子・伊集院俊隆訳（2002）『遊びの心理学　普及版』新読書社

・田村学（2018）『深い学び』東洋館出版社
・土居正博（2020）『「繰り返し」で子どもを育てる国語科基礎力トレーニング』東洋館出版社
・奈須正裕（2017）『「資質・能力」と学びのメカニズム』東洋館出版社
・奈須正裕（2020）「中央教育審議会初等中等教育分科会教育課程部会資料1」
・奈須正裕（2021）『個別最適な学びと協働的な学び』東洋館出版社
・中野重人（1990）『生活科の授業づくりQ＆A』明治図書出版
・中野重人（1992）『生活科教育の理論と方法　新訂』東洋館出版社
・中野重人（1996）『生活科のロマン　ルーツ・誕生とその発展』東洋館出版社
・西村清和（1989）『遊びの現象学』勁草書房
・ピーター・グレイ／吉田新一郎訳『遊びが学びに欠かせないわけ』築地書館
・フェルディナント・ソシュール／影浦峡・田中久美子訳（2007）『ソシュール一般言語学講義　コンスタンタンのノート』東京大学出版会
・福井県幼児教育支援センター（2019）「学びをつなぐ　希望のバトン　カリキュラム」
・プラトン／向坂寛訳（ミノス）／森進一訳／池田美恵・加来彰俊下訳（法律）（1976）『プラトン全集13ミノス　法律』岩波書店
・プラトン／藤沢令夫訳（1979）『国家（下）』岩波書店
・フリードリヒ・フォン・シラー／小栗孝則訳（2003）『人間の美的教育について』法政大学出版局
・マイケル・J・エリス／森しげる・大塚忠剛・田中享胤訳（1977）『人間はなぜ遊ぶか―遊びの総合理論』黎明書房
・松村英治（2018）『学びに向かって突き進む！1年生を育てる』東洋館出版社

・松村英治・寳來生志子（2020）『小学1年スタートカリキュラム&活動アイデア：育ちと学びを豊かにつなぐ』明治図書出版
・ミゲル・シカール／松永伸司訳（2019）『プレイ・マターズ―遊び心の哲学』フィルムアート社
・ミッチェル・レズニック／村井裕実子訳（2018）『ライフロング・キンダーガーデン―創造的思考力を育む4つの原則』日経BP
・ミハイ・チクセントミハイ／今村浩明訳（1996）『フロー体験喜びの現象学』世界思想社
・無藤隆（2018）『幼児期の終わりまでに育ってほしい10の姿』東洋館出版社
・森敏昭・中條和光（2005）『認知心理学キーワード』有斐閣
・文部科学省初等中等教育局教育課程課（2021）「学習指導要領の趣旨の実現に向けた個別最適な学びと協働的な学びの一体的な充実に関する参考資料」
・文部科学省国立教育政策研究所教育課程研究センター（2018）『発達や学びをつなぐスタートカリキュラム』学事出版
・山崎愛世・心理科学研究会（1991）『遊びの発達心理学　保育実践と発達研究をむすぶ』萌文社
・山田敏（1979）『遊びによる保育』明治図書出版
・山田敏（1994）『遊びと教育』明治図書出版
・山田敏（1996）『遊び研究文献目録』風間書房
・山本良和編／子どもの心に「こだま」する算数授業研究会（2017）『すべての子どもを算数好きにする「しかけ」と「しこみ」』東洋館出版社
・吉田雄一（2021）『夢中がつくる学び』東洋館出版社
・ヨハン・ホイジンガ／高橋英夫訳（1973）『ホモ・ルーデンス』中央公論新社

・リチャード・エヴァンズ／宇津木保訳（1975）『ピアジェとの対話』誠信書房
・レフ・ヴィゴツキー／福井研介訳（1972）『子どもの想像力と創造』新読書社
・レフ・ヴィゴツキー／神谷栄司訳（1989）『ごっこ遊びの世界　虚構場面の創造と乳幼児の発達』法政出版
・レフ・ヴィゴツキー／土井捷三・神谷栄司訳（2003）『「発達の最近接領域」の理論』三学出版
・ロジェ・カイヨワ／多田道太郎・塚崎幹夫訳（1973）『遊びと人間』講談社
・ロラン・バルト／花輪光訳（1979）『物語の構造分析』みすず書房
・ロバート・フルガム／池央耿訳（1990）『人生に必要な知恵はすべて幼稚園の砂場で学んだ』河出書房新社
・ロバート・W・ホワイト／佐柳信男訳（2015）『モチベーション再考：コンピテンス概念の提唱』新曜社

東京都昭島市立光華小学校主任教諭

安藤　浩太（あんどう　こうた）

1989年8月、鹿児島県生まれ。東京都公立小学校に勤務。東京学芸大学教育学部卒業後、現職。日本国語教育学会会員。全国大学国語教育学会会員。日本生活科・総合的学習教育学会会員。国語教育研究会「創造国語」所属。教育サークル「KYOSO's」所属。生活・総合学習教育サークル「ふりこの会」主宰。国語科教育と生活科教育を中心とした低学年教育を研究や実践の主なフィールドとしている。

2018年「第67回読売教育賞生活科・総合学習部門優秀賞」受賞。2020年「第22回がんばれ先生！東京新聞教育賞」受賞。生活科や総合学習の実践が各新聞で掲載される。著書に『小1担任の授業術―遊びと学びでつくるPlay型授業』（単著・明治図書出版）、『教室で使えるカクトレ　低学年』（編著・東洋館出版社）などがある。『初等教育資料』（東洋館出版社）、『教育科学国語教育』（明治図書出版）などに原稿執筆多数。

# そこに、遊びがある授業


2023（令和5）年３月19日　初版第１刷発行
2023（令和5）年10月12日　初版第２刷発行

著　者　安藤浩太
発行者　錦織圭之介
発行所　株式会社東洋館出版社
〒101-0054　東京都千代田区神田錦町２丁目９番１号
コンフォール安田ビル２階
（代　表）　03-6778-4343／FAX 03-5281-8091
（営業部）　03-6778-7278／FAX 03-5281-8092
URL　https://www.toyokan.co.jp

装幀　國枝達也
本文イラスト　Remi
本文レイアウト・印刷・製本　岩岡印刷株式会社
ISBN　978-4-491-05093-5 / Printed in Japan